超越財富

從初始薪到百倍薪，
建立持續成長的經濟基礎

狄芬尼 著

Times
ssible

在每個十年實現財務目標，
由基礎儲蓄至高階投資的
階梯式成長

策略 ✕ 規劃 ✕ 實踐，一書在手，財不可擋！

為什麼有人貧窮？為什麼有人富有？

想不想改變自己不太滿意的財務狀況？

經濟形勢日漸衰落、通貨膨脹愈演愈烈、口袋積蓄趕不上心頭願望……

跟著本書認真思考一下未來，為自己做個財富人生規劃，正當時宜！

目錄

自序　人生要規劃，致富要趁早 —— 有關財富與幸福的思考

序　人生願景不是海市蜃樓

序　人生可以成功規劃嗎？

第一篇　財富通論

　　第一章　你一生的幾個關鍵階段 —— 生涯特徵與財務目標 ⋯⋯⋯ 021

　　第二章　夢想生活方式和你的財富魔術方塊 ⋯⋯⋯⋯⋯⋯⋯ 039

　　第三章　財富基礎：儘早累積你的致勝資本 ⋯⋯⋯⋯⋯⋯⋯ 069

　　第四章　財富意識與財富習慣：你是否背了個破洞的包？ ⋯⋯⋯ 083

第二篇　財富技巧

　　第五章　工作謀生，投資致富 —— 讓財富和你一起成長 ⋯⋯⋯ 107

　　第六章　財富借力 —— 讓金錢為你工作 ⋯⋯⋯⋯⋯⋯⋯⋯⋯ 119

　　第七章　創業和創富：讓財富病毒式成長 ⋯⋯⋯⋯⋯⋯⋯⋯ 139

　　第八章　財富的層次 ⋯⋯⋯⋯⋯⋯⋯⋯⋯⋯⋯⋯⋯⋯⋯⋯ 147

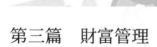

目錄

第三篇　財富管理

　　第九章　你家的財富管理……………………………………… 161

　　第十章　你的稅務規劃……………………………………… 171

　　第十一章　規劃退養……………………………………… 185

　　第十二章　真正富有的精神本質 ………………………… 201

第四篇　透視財富 —— 我目睹的創富故事

感謝

附錄：參考文獻

謹以此書獻給我最親愛的母親

她的愛、溫暖和寬厚仁慈是我人生的動力

自序

人生要規劃，致富要趁早
—— 有關財富與幸福的思考

　　人生，說長不長說短不短，借居人間百多年。20 歲前一直在學習，到 60 多以後退離職場，進入又一輪漫長的榮譽式休息。縱觀人生，準備起步和退休後休養的時間對工作和創造幾乎是一半對一半的比例；這意味著你用於工作、奮鬥和創造財富的時期，至多只有 40 年 —— 如果按照時下 80 歲的平均壽命來說。

　　在這 40 來年裡，你起步後開始奮鬥的前 20 年決定了你的財富累積。無須置疑，當你大學畢業或者工作 20 年後，參加一次同學會，和那些久違了的昔日青梅竹馬、少年同窗有說有笑親密憶往昔的時候，你人生的答案就會浮現。短短幾個小時的敘舊，便高度濃縮了過往人生：20 年的職場廝殺將當年在同一條起跑點的一群人分成兩個無形陣營 —— 發薪水的和領薪水的；管人的和被人管的；日子過得好的和日子過得不那麼好的。殘酷人生分水嶺的界限常被人們稱為富有魅力和誘惑感的兩個字，那就是你我熟悉的「成功」。

　　相信這是許多經歷過一段不短不長社會磨練和生活陶冶的人的共同經歷。半局人生競跑下來，「海水退潮就知道誰沒穿褲子游泳」，結果雖然無需呈報公示，但各自的內心都明白自身的實力，輸贏似見端倪。令人三思和唏噓的是，僅僅 20 年，是什麼讓昔日資質同等的同窗的生活有如此差別？一隻怎樣的看不見的手在左右著人的一生？

自序 人生要規劃，致富要趁早—有關財富與幸福的思考

《紐約時報》(*The New York Times*) 一篇文章介紹，美國的一群心理學家進行長達幾十年的追蹤調查，研究關於目標對於人生的影響。他們發現，27%的人沒有目標，他們的生活也相應地困頓和不穩定；60%的人有模糊的目標，他們的生活好壞相間；剩下的人生活富裕而穩定，其中10%的人是有清晰的短期目標，他們的生活舒適安穩；另有3%的人有清晰的、長遠的人生目標，他們通常是社會上最有成就的人。

這個調查結果也應了「吸引力法則」。你得到的往往是你朝思暮想想要的。人們追求的、渴望的東西，是不是比沒有刻意追求的更容易得到和實現？人的一生如何度過，是不是與他本人的憧憬、願望、希冀密切相關？是不是他的所思所想和他對人生的設計，可以部分地決定他的命運走向？這是個極其有趣的問題。筆者和大家一樣想知道命運的底牌。碰巧，長達20年的職業生涯使得筆者有機會對接觸到的上百位成功商界人士的思考方式、價值觀和財富習慣得以近距離的觀察和面對面的探討，透過他們的成長、發展軌跡和對於人生的成功及財富累積，得出的結論是：失敗者各有各的原因，成功者卻都屬於某一類人。筆者認為，成功者的特質異常鮮明：他們都是有目標、能實現、自己主導自己一生的那類人。

過去，大家熟知的引為戰勝命運楷模的第一高手貝多芬，是以「扼住命運的喉嚨」達到傑出成就和致勝人生的。今天，現代人多出了許多有利於個人生存、發展、突破的法寶，更多出了許多寬鬆的精神氛圍和放大的自我以及社會正向的導引，還得益於現代各種相關學科的發達論證和精確推演；相對於古人來說，我們在選擇、設計和完善自己的人生方面，聽起來已經不陌生，做起來也已不複雜，許多現代科學諸如管理學、心理學、人際行為學、消費行為學以及金融和理財知識、統計和規劃常識等等都可以幫助我們更好地改變「命運」。

我們常常見到報章雜誌關於生命的思考和關於生活品質的評判，也常常讀到成功人士這樣那樣五光十色的引以為豪的人生故事。這些都成為大眾的人生指導和行為參考。

成就自己，擁有一個幸福、成功的人生，不言而喻是每一個人與生俱來的夢。但是，這夢卻常常被冷酷的現實大舉擊潰。20歲以前玫瑰色的人生，卻常常在隨後因為升學、就業、擇偶、職場升遷等等的挫折和遭遇所改變；如果在中年之時又面臨財務、健康、子女教育和婚姻的困頓，人生很容易就此沉淪成灰黑一片。你我周圍很多人就是這樣從玫瑰色的黎明走向灰暗的黃昏的，人們渴求的快樂和幸福變得不那麼容易尋得到。

看看左鄰右舍爺叔伯姪的生活，你可曾認真思考過自己想要怎樣的人生？你是否也認同芸芸眾生「人的命天注定」、「人家怎麼活我怎麼活」是天經地義的生存法則？你是否整理過自己職業的、財務的、心理的、精神的以及涵蓋後代的規劃和設想？人生多變無從掌握只是一種不作為的理由，如果你認為自己的人生很重要，那總得想些什麼、做些什麼才對──用專業術語，這就是生涯規劃。

就目前來講，要找到一本全面規劃人生財富和幸福的書實屬不易。那是因為人生原本豐富多彩各式各樣，不同的年齡、職業、價值觀，不同的人生追求、期盼和生活方式，不同的地域、法律與文化傳統，還有，不同的消費習慣、生活品味和財務狀況，種種原因都造成人生的千差萬別，也決定了沒有哪本書可以成為真正的通用的《人生指南》，當然，本書也不是。

筆者只想嘗試，將主動的人生設計引入、早早地引入一個人的一生。這當然不是我一個人在做的事情。先我之前，前輩們不遺餘力地在社會

學、心理學、各種行為探索和近十多二十年新興的成功學和幸福學裡面大量敘述和論證，試圖探尋人類行為的祕徑，以總結出具有昭示意義的規律和公理以便給眾生一種人生的指導。今天，我站在眾人的肩膀上，以微薄渺小之力所能採擷的依然只是生活海洋中的一朵浪花 —— 以期對大家無比寶貴的只有一次的人生有所啟發；投下一縷光在你心裡，在該發芽的時候讓你財富和幸福的種子發芽吧。人生寶貴是因為它是無法重來的單程旅行，有些事情要趁早。

　　這是我的一個夢，也是寫作本書的初衷。做為商業顧問，我喜歡解別人解決不了的難題。縱觀全世界，雖語言與文化觀念有差異，但是，人類仍然探索和掌握了許多事物的特徵和規律。我想，這就是人類與猩猩最基礎的不同，這也是為什麼人類現在可以飛到月球上，而猩猩們仍然不會穿衣服，還住在樹上的原因。探索、了解、規劃、開發、潛力挖掘、總結、再前進，這不就是人類進步的軌跡？

　　「君子不言利」，談錢論富曾經是件十分流俗的事；但是在現代社會，金錢成為一種通用符號，它左右著我們的柴米油鹽、房子、車子，甚至也滲透了原本屬於精神領域的夢想和愛情；我們靠它維繫生存中的一切，我們再也無法與它脫離關係。既如此，那就放下身段真心隨俗，不妨大膽地解構和探尋，把金錢、財富和快樂、幸福作為一種物質與精神的健康追求，和一種生活必備的和諧平衡。除此之外，我們又能以何種態度面對金錢？

　　人類對於知識的渴求是強烈的，更別說關乎自身的舒適、安全與富足。人人都想要一個快意人生，但生活中常有缺憾，真正能夠幸福圓滿的人生，無論是官方統計還是自測，比例都不算太高。正因為如此，追求財富和幸福的意願才空前高漲，人們才會更加關注自己的人生，也就更加在

意如何才能成就自己的人生。所以，花一點時間在自己身上，靜靜地觀照，認真地思考，然後為自己的人生設計一個方向、繪製一幅藍圖。早立志，早發展；早規劃，早行動；早執行，早實現。如果它是你人生中已經設定的一部分，如果你已經把它融入你的潛意識，那麼，它就會是你人生的一種必須，就會轉化成你人生中的一份必然。你相信嗎？

有那麼一天，在你人生的行進途中，當老虎從樹林裡吼叫著追出來的時候，你會知道，你之前曾經彎下腰繫緊鞋帶，現在比你的同伴們跑快了那麼三、五秒，這個提前的小動作，是多麼、多麼、多麼的重要和值得感激。

祝你跑得更快。願成功跟隨你。希望你有個富足幸福的快意人生。

是為序。

狄芬尼

序
人生願景不是海市蜃樓

吳韋材 [01]

　　高中時，讀到美國作家法蘭西斯‧史考特‧費茲傑羅（Francis Scott Key Fitzgerald）所著的《大亨小傳》（*The Great Gatsby*），裡頭最讓我久久不能平復心情的，不是 20 年代紙醉金迷的紐約豪奢作風，不是在欲望裡糾纏而模糊了的人性軟弱，而是在故事結尾時，大亨蓋茲比的年邁父親，從衣袋裡緩緩掏出兒子留在家裡的一個小本子，他眼眶含淚說，「我現在完全明白了，他為什麼要離家去尋找自己的人生？這，這裡清楚記錄著他念國中時就對自己立下的每一項守則：每天，至少要看 40 頁的書、每天，要坦誠審視自己的言行，要培養風度、每天，要完成當天的事、每周，要儲蓄 5 美元 —— 噢，此處刪掉重寫 —— 至少要儲蓄 3 美元……」

　　簡單的場景，老者在自己兒子豪宅裡，念著兒子默默耕耘的人生。《大亨小傳》裡的蓋茲比，最終仍被自己的痴心所誤，那確實是個天真而甚至帶點愚蠢的結局，但這無礙於我對他父親手中這本人生守則的強烈感觸，雖然，那時我才 17 歲。

　　及至後來，我也常遇到一些讀者，對我當年毅然放下廣告市場裡創意總監的高就，拎起背包一走十餘年然後改行寫作的決定感到「非常不可思議」，他們甚至茫然地猜度：「啊那是為了瀟灑？為了浪漫？為了感覺很酷？」聽到這些我通常只是莞爾一笑，然後他們更迷惑了：「一定是，到處

---

[01]　注：本文作者為新加坡知名作家

序　人生願景不是海市蜃樓

流浪，到處寫作，一定很酷。」

　　通常遇到這類讀者都是在新書發表會或講演上，場景與時間都不適宜詳作解釋。我並不意外一個人對另一個人會進行某些表面化猜想，但事實上，每個人的人生都並非偶然，成功的不是偶然，不成功的不是偶然，溫溫吞吞的，更加不是偶然。

　　我很難逐個去向人解釋，其實我的人生規劃一切都在一番悉心計劃與安排裡。這就像你看到那幅氣勢澎湃，海浪滔天，逃難者個個神態精彩的〈梅杜莎之筏〉（The Raft of the Medusa），你一定有錯覺那是神來之筆的現場捕捉，但絕對不是那麼簡單，那渾然一體裡，是構思立意、籌備資訊、組合資料、策劃工序，然後一筆一筆地，心無旁騖地進行創作。只是這幅畫背後的這一切，沒多少人看到罷了。

　　人生，又豈僅一幅畫作？生命、幸福、成功，這些概念，都因人而異，在不同價值觀底下，要成就自己這輩子的生命能量，要人生不白活，要它擁有一個自己滿意答案，那麼，能不先對它的本質進行了解和進行自己滿意的規劃嗎？

　　我首先必須感激這世上累積著如許多寶貴的前人的智慧與知識，我感激它們在我很年輕時就已經把一道道如何分析事理、剖析個性、明辨現實的鑰匙交在我的手上。今日回首，我恍然看到一個可以感激的自己，因為直到今天，我仍樂見自己還堅持地把這些鑰匙緊握手中，也因為知識的潤養，我今生不至於陷於留白。

　　當然，各有各的人生規劃方式。但一個大前提是，先知先覺，立定目標，按部就班，才能有所收穫。人類的每個階段，生理上與心理上都有不同的需求，生理上與心理上也都有不同的能量，我認為先要清楚這些事

實，才能開發並善用這些能量，才能在每一個人生階段活得快樂自在。

　　各樣人生，各審各美。有人的核心，在知識的富饒。有人的核心，在生活的華美。有人的核心，在家庭的美滿。有人的核心，在無私的奉獻。但這一切都離不開一個「生活穩定大本營」的扎根概念。而根扎得越好，樹就長的越好，道理淺淺。越早領悟，越早策劃，堅持力行，那麼自己的人生願景就不是海市蜃樓。我，就是例子。

序　人生願景不是海市蜃樓

序
人生可以成功規劃嗎？

黃宏墨 [02]

　　有趣的是，這一本書的序，竟然找來了一位人生普通得只有60%模糊目標的人來寫，這舉動，似乎有些突兀。是反面教材嗎？抑或是想透過這個人，帶出人生除了追求財富的成功外，其實還有另外一種不為人知的生命寶藏有待挖掘？

　　坦白從寬；我真的無法有耐性地看完這樣一本書；1. 因為我已錯過規劃中的年齡（20歲是上一個世紀的雲煙往事了）。2. 我真的無法按部就班地將自己的生活規劃得如此整齊清晰（我曾經嘗試過，結果都失敗！）。3. 我一看到數字，頭就會痛（這不是形容詞）。但我也不是完全不懂得賺錢的伎倆，我只是無法像常人那麼樣的計較；總覺得花精神在計較上會比我投入工作來得更為辛苦！所以，很多時候，我寧願放棄機會，只為了不想把自己搞得焦頭爛額、面目全非。我不是清高，只是生性懶散得無法承受無謂的精神浪費！幸好老天也滿疼愛「憨」人，讓我經常在疑無路時柳暗花明又一村，感恩！

　　我最為得意且唯一符合此書的其中一個理念就是投資計劃；那就是房產投資！我非常清楚，按時儲蓄遠遠不及房產投資的回報來得快，只是往往計畫趕不上變化，奈何！不過至少也展現了一種非常現實的考量，我並非只會風花雪月、如夢如痴的生活，我 —— 是吃人間的米長大的！

---

[02]　注：本文作者為商業廣告攝影師、詞曲創作歌手、專欄作者

序　人生可以成功規劃嗎？

　　回望來時路，生活似乎都是用夢來維持的；小時候每天想的，就是做個行俠仗義的游俠，武功高強，一生遊走江湖，四海為家。長大了才知道，離開家，所有的飯菜都是要用錢買的，於是我夢想當一個很有錢的富翁，但是，富翁是怎麼樣變得有錢的，我不是很明白，也一直學不會，我只好乖乖的暫時不做夢，迷迷糊糊的替人家工作了好幾年，突然有一天早晨醒來，發現沒有夢的人生跟死人沒有兩樣，於是辭掉了工作，用了一個多月，一個人騎著電動腳踏車，從新加坡出發，漫無目的地的繞了幾乎整個馬來西亞，回來後，從此對旅行欲罷不能，無法朝九晚五後，只好開始做自由身的攝影工作，工餘寫寫唱唱，繼續遊走夢中，有錢沒錢，一樣過得好開心！

　　「人定勝天」，那是一句年輕時的語言，如今人到中年，自有一番對生命的體悟，不是不願說，只因說了，不一定能懂，反而會減少了該有的跌宕體驗與思考；一個不用思想的生活，再怎麼樣安康也肯定會失去知足常樂的喜悅！

　　這樣的說法，不是要與作者唱反調，只是想提出人生的選擇不是單單只有一種。作者所提倡的是非常科學的理論與經驗，但對於一些死學都無法有成就如我者，請不要太過灰心沮喪，不是每一個方法都適合自己的，也不是每個適合自己的就是對的，兩袖清風也好，腰纏萬貫也好，只要夜深人靜時悄悄問自己，你的一切是如何得來？是咎由自取或理所當然？而臨命終時，你 ── 會害怕嗎？

　　如此生活乍看是沒有規劃，其實也不乏鎖定的目標，只是這些種種，跟此書積極的財富累積說法有點距離！但有些事情，總會有人是學不會的，學不會的，就把這當成另一種參考吧！

第一篇
財富通論

第一章
你一生的幾個關鍵階段
—— 生涯特徵與財務目標

我們常說的「一輩子」包含了終其一生的豐盛內涵，說長不長說短不短的百年人生，衣食住行、喜怒哀樂、成敗榮衰、生老病死，龐雜而多面，浩瀚又細微。按照人生的成長過程來劃分的話，人的一生通常可分為青少年時期、成年時期和老年時期。如果以人們在這三個生命週期裡典型的生涯特徵與財務特徵之關聯來細分的話，那麼，人生其實可以歸類為幾個關鍵的節點：（以下年齡僅為敘述方便，實際應用以相對模糊概念為好，與臨界年齡相差 2 ～ 3 歲並不影響整體規劃效果）

一、20 歲前的成長學習期

二、20 ～ 60 歲的奮進收穫期：

1.30 歲前的探索期

2.30 ～ 40 歲的穩定發展期

3.40 ～ 60 歲的再起飛或維持期

三、離職後的退養期：

1. 半退和獨立期

2. 依賴他人扶助期

下面讓我們來看看在人生的幾個關鍵階段裡，大多數人在每一個時期裡可能面對的重大事項，以及應該為這些事項做好的相應的財務和心理準備。

一、在成長期後開始人生規劃

你一定在電視裡看過一些動物紀錄片。一隻大象和人類的成長期非常相似。小象在象媽媽的帶領下，經過 20 年的學習方可辨識路徑、學會在

群體中的生活，然後開始獨立生存；人也是如此，也需要一個約 20 年的漫長的生長期：從呱呱墜地到 3 歲上幼稚園 3 年，然後小學 6 年、國中高中 6 年、大學 4 年，經歷 19 年教育後通常在 22 歲才可以獨立工作，養活自己。這個過程占據了人類生命週期的五分之一還更多。大象和人類都是長壽而聰明的動物，因前期長時間的學習獲得了更高的生存能力，從而維繫和鞏固後期長達幾十年的壽命。

在人類漫長的成長過程中，無論是在學校還是在家庭中，你會日積月累、越來越多地接觸和學習到各式各樣的知識，並且在這個過程中形成你自己的追求、抱負和價值觀，萌發願望形成生活中大大小小的期盼、追求和目標。我們姑且忽略個別早慧的人、早出社會打工賺錢的人，將當前普通青年的 20 歲看作一個財富創造的起始點 —— 這是正值大多數人大學、大專學習或者畢業前後的年齡，即將或者剛剛獨立之時。他們行為獨立但多數人尚未財務獨立，思想和判斷力、社會行為能力逐漸形成，正要開始他們人生的初步嘗試，此期也是人生規劃開始的最佳時期。在正式步入社會的時候，給你的人生尋找一個目標，確定一個方向，樹立一個抱負，擁抱一個夢想，清晰的人生定位和發展方向可以最大限度地調動你年輕的熱情和活力，使你專注地、不遺餘力地去圓你的夢，完善你的寶貴人生。

二、財富是一個累積的過程

無論是生涯規劃還是財富規劃，你都需要有至少 10 年的超前眼光以及實現時間，你需要耐心地準備和執行。中頭獎可能是一蹴而就的事，但是事實證明，任何一項達致你長久幸福和富足的策略，都有可能花費超過

你 10 年的不懈努力。

今天你想到的和播種的，就是 10 年後你面對的和收穫的。財富累積和生涯規劃相類似之處，都是一個長遠的系統工程。財富累積不僅僅需要細緻的規劃和準備，更需要佐以時間，用相當長的一個時期的操作和發酵來達到理想中財富的位置。夢想和現實之間的距離，就是這個實現過程的距離。從立意到摘收勝利果實 —— 如果是蘋果樹的話，從栽種到收穫最快是 3 年。如果你每月從薪水中儲蓄 100 美元，你想要的蘋果筆記型電腦大約 1,200 美元，那麼 1 年就是你的實現過程。財富目標實現也是如此，這個過程因人因目的的不同而長短不一，其共性是必須完成這個實現的過程，你才能夠達致收穫。當你的人生規劃中具體到買車、買房、每年 2 次出國旅遊、45 歲實現財務自由這樣的內容時，它們會變成一串串實實在在的數字，沉甸甸地堆在你面前。這串你必須面對的財務數字，或許沉重到使你喘不過氣，又或許足以令你傲視群雄。

財富的累積越早越好。「羅馬不是一天建成的」，累積財富也不能一口吃成個胖子。無論你採用的是「每天省把米，三年一頭牛」的老式財富累積，還是每月儲蓄、兼職、炒股、買基金等現代方式進行，你的財富都是在日積月累中集腋成裘的。絕大多數值得炫耀的財富值，如果不是繼承遺產和碰巧中樂透，恰恰都是需要經年累月的長期累積而獲得的；即便是上市公司這樣的目前最為快捷的財富暴漲方式，從商業計畫書到公司運轉，再到最快速的 IPO 問世，至少也要 3 ～ 5 年時間，更多公司發展了數十年才得以上市掛牌。對於普通個人來說，提前 10 年的定位、規劃和實施是如此的必要。即使如此，成功的規劃只是一個行前的步驟，也還需要後期堅定的實施作為保障，否則的話只是一紙空文；並且，即便是付出了行動也並不能保證一定會成功，這意味著很多人的計畫都因為這樣那樣的因素可能被迫延後若干年。

換句話說，也許你需要更多的成長空間和目標實現的時間 —— 這意味著你的規劃更須提早、更須完備。大量的實例表明，一個企業沒有 8 年的歷史算不上成熟穩定，一個個人沒有 10 年左右的社會經歷和專業實踐，無論是其個人經驗層面還是個人財務方面的累積，都很難達到穩定和豐沛的階段。這也就是為什麼必須奉行「兵馬未動糧草先行」的策略，在你期望的目標出現前，你需要花很長時間去想和去做，目標通常是這樣才能實現的。

三、怎樣規劃財富人生

　　前已有敘，成功人生的關鍵就是抓好幾個人生的關鍵節點，這幾個關鍵的人生步驟做對了，其他的就相對容易了。我們已經知道，除了前 20 年的成長期和 60 多歲後離開職場尚餘的 30 多年退養期之外，人的一生中能夠真正為這一輩子創造價值、實現夢想的有效時間，就集中在 20 ～ 60 歲之間的這 40 年。假定在這寶貴的 40 年裡，每 10 年可以看作一個階段性的典型週期的話，那麼，你就有了 4 個需要特別清醒、格外努力的黃金奮鬥時期，即 20' 時期、30' 時期、40' 時期、50' 時期。如果在這 4 個人生至關重要的關鍵時期中，你的基礎打好了，方向找準了，那麼，基本上可以說你已經為你自己奠定了後顧無憂的幸福人生了。

▨ 1. 你的 20' 時期

　　20' 時期，宛如早晨剛剛升起的太陽，是人生開始步入社會的上升期。20 歲的人生像張白紙，設計成什麼樣就變成什麼樣。那麼 20 歲的時候如何在人生的起跑點上畫上第一筆呢？

首先，20歲的年輕人的最大優勢是擁有無限美好的未來，在人生諸階段裡擁有最多的發展機會和最大的實現可能性。初入社會，初入職場，幾乎每一扇門都向20多歲的人敞開，各個行業都在向他們招手。這個時期的年輕人無論求學還是服務社會，精力充沛、銳氣十足，頭腦裡沒有制式的框架，心理上沒有任何負擔，腦海裡常有抱負和理想，像展翅雛鷹、初生牛犢，擺著架勢要擠進人生的大舞臺。

　　在經濟上，這個階段的「小大人」中的一些已經有過短期打工或者實習的經歷，嘗到過金錢的味道，比如一些大專生和服兵役人員以及已經出社會的高職生；另一些則還在父母的羽翼底下，享受著家庭的關愛或者機構的資助，比如那些尚在求學的大學生和研究生。從20歲起年輕人們陸續完成學業和兵役，相繼進入社會開始人生的長征。

　　一般而言，20歲起步期的人生和財務規劃的關注重心通常在以下幾個面向：

(01) 第一份工作要做什麼；

(02) 確立正確的消費習慣，個人生活費、零用和其他財務安排；

(03) 交友與擇偶；

(04) 開始規劃預算和儲蓄，準備結婚和住房基金；

(05) 在工作的初期要達到的職場目標和基本人生目標；

(06) 視野的拓展和能力的提升；

(07) 嘗試投資。

　　簡言之，這個時期的生活與財務規劃緊緊圍繞著此期的關注重點。在工作前期，考慮得較多的是能力的提升和學業的繼續，考慮的是拓展能

力，探索有意義的工作與精彩的生活內容體驗，考慮的是站穩腳跟，打好第一份工。稍後，便進入人生第一大事戀愛婚姻的階段，他們會正式地考慮尋找一個可以攜手人生的合適人選開始戀愛。在 25 ～ 29 歲時，工作穩定後，許多找到合適伴侶的人會考慮結婚建立家庭。

這一階段的財務特徵是：大多數人在經濟上逐步實現自給自足並開始小比例的儲蓄；除生活費外，用於學業和技能、自我提升的支出如服裝、交友、旅遊的費用顯著上升；一部分人開始關注理財技巧，一些人開始嘗試股票、基金和單位信託等小額投資；隨著年齡的增加和婚期的臨近，他們逐步將注意力投注在房地產市場，開始留意房地產的地段、價格、設計並思考借貸等資金籌措問題以考慮房地產購置問題。他們中的一些人也會在經歷幾年的職場生涯之後真正找到自己的興趣和志向所在，一些人會毅然選擇業餘的或者全日的課程重返課堂，學習和精深更具深度、廣度的知識和技能，考取一些必要的職場認證，在實力和競爭力上投資自己，進行人生的拓展性技能儲備；另一些人會在一段時期的工作之後檢定自己的職業興趣而轉換工作，而更多的人則會逐步地適應工作和適應社會。

在人生這第一個階段裡，有關你未來前途的、至關重要的你的生涯規劃，應該立足於思考以下幾個方面，並確保這些項目被實踐：

(01) 確定職業方向和職業目標，只有職業穩定下來並不斷成長，才能帶來穩定並逐步增加的收入；

(02) 設定人生方向與生活方式，了解自己追求的生活方式所隱含的財務含義，即什麼樣的生活方式必須相應地投入多少精力和物質基礎；

(03) 學會規劃預算和儲蓄，養成正確、合理的消費習慣；

(04) 預定 3 ～ 5 年的中短期目標，並努力達致目標的實行；

(05) 嘗試累積第一桶金並嘗試投資，拓展多元收入管道；

(06) 建立家庭和提升自身軟實力。

　　20' 時期的你需要達到的財務目標大多不是一個具體的數字，更多的是一種實踐和學習的經歷、心得和嘗試過程。在這個階段你可以摔得很慘，但是跌倒了爬起來是一件非常容易的事，絕不會導致傷筋動骨；如果一定有那麼一條你必須遵守的話，那就是：養成良好的財務習慣 —— 學會儲蓄，每月拿出收入的 10%～ 30% 進行儲蓄，堅決不做「月光族」；而其他的嘗試都是你在為 30 歲的起飛做沉澱：你是否已經為自己修建一個可以起飛的跑道。總之，沒有 20' 時期的儲蓄習慣、累積以及經驗打底，你就不可能在 30' 時期有一個及時平穩的起飛。

▨ 2. 你的 30' 時期

　　東方說「三十而立」。30 歲的確是人生最美好、最重要、最能吸收、最願意嘗試的年齡。如果說人在 20 歲時多半還活在希望和憧憬中，那麼，30 歲時是實實在在生活在自己努力和創造的現實與生活中。尤其，經過了 20 歲的青蔥歲月，人生中那些飄忽的、空洞的東西被過濾掉了，剩下的是剛剛好不急不躁、沒有太多空想也沒有很多遺憾的踏實人生；播種的功夫已經純熟，收穫的也不是一種可能而是到手的把握。而這個時候，大多數人有家庭、有事業，前途無量而後顧無憂，眼前滿足而未來豐盛，這個階段無論做什麼都堪稱正是時候。

　　假設你在 20' 階段實現了你的大部分設想，財務目標上也小有成績，那麼，在你至少 5 年以上的儲齡中，你已經不大不小地為自己積蓄下來了一筆財富，並且還累積了極其寶貴的實戰經驗。這筆寶貴的財富，它賦予了你經濟獨立權，更為難得的是，你在儲蓄、投資的這塊「保留地」上的

或成功或失敗的磨練，使你累積了一個人在無可遁形的經濟社會中，與經濟的、社會的、政治的以及你個人的性格、勇氣、心理、耐力、情緒和其他很多在學校和書本上根本不能傳授的人生經驗。這些經歷是一種無形而寶貴的人生資產，它將傳承和發揚於你未來的生存之間。你在 20' 時代形成和鑄就了差不多決定你一生的基礎。重要的是，這前 10 年的觀念和實踐對你人生塑造的大部分，在你的以後將很難被改變 —— 唯一能夠修補的叫做改善。

30 歲的你成熟而自信，有一些成功的嘗試，也有一些失敗的累積。生活向你敞開了那麼多美好的大門，在這個意氣風發鬥志昂揚的 10 年，你頭腦裡的想法、念頭、夢想和期望潮水一樣奔湧：

(01) 成家立業是這個時期的人生主旋律；

(02) 結婚、購房和育兒基金是這個時期的最大訴求；

(03) 職業方向的磨合和逐步確認是此時期事業方向的必經之途；

(04) 家庭和個人生活品質的建立與逐步提升是此時人生的多樣要求；

(05) 開始嘗試負債和借貸；

(06) 開始面對和走近風險；

(07) 拓展財富管道、增值財富提升到日常計畫中來；

(08) 考慮風險保障，編織人生安全網；

(09) 一些先知先覺的人開始留意養老問題。

在人生的第二個建立階段，雖然你還年輕，但你必須面對的和解決的問題通常重大而富有決定性意義，無論是選不好職業還是選不好人生伴侶，都將帶給你莫大的煩惱和痛苦；同時，金錢開始越來越多地出現在你

的生活中，無論你是否覺得它庸俗，你的人生都會不斷地加深被金錢浸染的味道 —— 不管願不願意承認，庸俗的物質都將是美麗生活的不可分割的基礎部分，而且當物質生活困頓與貧乏的時候，你的生活無論如何都不可能太美好和高雅。

在現實的開端與未來幸福憧憬之間的這個階段你的財富策略是：

(01) 確定職業方向和職業計畫，包括職業目標、職位升遷以及要不要轉換職業跑道、要不要進一步提升職業技能？

(02) 由於生活中大量事件的陸續登場，你財務方面的需求大幅提高，而需要考慮、設計、演練、實踐不同的方式來摸索你個人有效的財富管道，不能再僅僅依靠單一薪水，嘗試拓寬收入管道成為當務之急；

(03) 確立和弄清自己的財務狀態，分清資產和負債，學習使用槓桿，學習面對風險，是這一時期的技巧和心態的歷練；

(04) 開始鋪設自己的安全網，包括購買保險，慎重借貸，調整消費和穩健投資增值，這個時期開始養老問題的思考一點也不算早。

這一時期的你精力旺盛、敢打敢拚，沒有任何的事情可以嚇倒你。你考慮最多的是職業發展、能力與債務的平衡以及在此基礎上追求財務拓展管道，探索一種多元化的財富成長，以及如何建立起一個行之有效的投資組合來確保收益的最大化和持續性，當然還包括你和你家庭的生活品質的提升。與此同時，你還驚奇地、十分清楚地發現，坐你對面辦公桌的那個與你同年同月同班畢業的同樣起薪的傢伙，你們之間的生活距離正慢慢地拉開。

隨著 30'時期的到來，你突然發現人生越來越美好，想做的事情越來越多，而你肩上的責任也越來越重大了。現在，你不是「一人飽全家飽」

了，美好生活突然激發更多的美好願望，不僅僅是你的，還包括你的另一半的、你孩子的甚至有時還摻進來一些撫養你長大但是目前已經進入暮年的你父母的一些期望；無論如何，作為一個家庭成員，你不一定要滿足任何人的任何願望，但是有許多事情你又是責無旁貸無法推脫的；作為一個有一定經驗、有一定能力和一定實力的成熟的創造收入的人，當步入 30' 時代的這個 10 年，人生最美好的上升期一定會讓你無論是王子還是平民，都表現得雄心勃勃、奮勇進取；無論你已經擁有許多，還是根本什麼都沒有，總有些事會誘惑得你蠢蠢欲動、摩拳擦掌；不因為什麼，只因為你處於人生的這個最豐滿的階段，你一定會盡力衝刺以證明你自己——只因為這個階段你年輕，而人生對你是這樣地寬容和美好。

總之，30 歲的事業和生活主旋律是「奮鬥和提升」。比起 20 多歲尚且存在部分虛幻和不確定來說，是一種實質的飛躍和錦上添花。正常發展的 30 多歲的年輕人，都會有一個突飛猛進或者穩定提升的職業的和財富的正向結果。如果沒有什麼大的經濟動盪、個人職業方向變化或者學業再提升計畫，一般而言，大多數人在此階段的財務都呈現穩定的成長狀態。當然，這個時期也是投資實踐、廣開財源、倍速增值財富的最好階段。30 歲的人像植物的猛長期一樣，幾乎可以聽到劈劈啪啪的生長聲，虎虎生風的快速成長帶來廣闊的視野和大量的財富聚集機會。

▓ 3. 你的 40' 時期

人生如白駒過隙。青年時期像節日夜空的煙火，絢麗璀璨但是轉瞬即逝。生活以它自有的規律照常進行。轉眼間你奔「四」了。驀然回首，許多人突然意識到自己處在了一個不尷不尬的境地，職位沒有多大提升，鈔票也沒有賺得太多，卻累積了一把年齡；上有老下有小，雖不很顯老但臉

上也留下了歲月的痕跡；生活上雖說能過得去，但是還沒實現理想；雖然比下有餘卻還是有很多期望和要求沒有滿足；職場上說起來經驗老道但已經不夠新潮；雖然收入比以往高出很多甚至翻了幾倍，人生的欲望和祈求總是變魔術似地更快地膨脹；孩子漸漸長大了，開銷也跟著漲，父母一天天老去，醫藥和看護的負擔日益加重。自己和另一半的精力開始不如先前，眼看著要上大學的孩子和鄰居新買的樓房，又不甘願就這麼沒長進。還有……通貨膨脹！世界經濟也不再有亮麗成長的百分比，反而是此起彼落，東邊不亮西邊更不亮。物價在漲，壓力也在漲……

「漢堡人生」開始在承上啟下的中年。「夾心」的滋味在你的人生不經意間滑過拋物線的頂點後登場。你感覺到有點失落有點煩。

不過，也不是一切都不好。人到中年，你的心態成熟，健康穩定，經驗豐富，年富力強；人到中年，你有前面 20 年的財富累積和社會歷練，你雄心猶在，可謂該擁有的你都擁有了，在人生的中軸上，既可攻還可守，再不會像年輕時候那麼貧瘠又暫時沒有老年人的衰落。因而絕大多數的中年階層的幸福指數還是比較高的。更何況，中年時候是人生的豐收季節，不僅職場得意獲得高薪，而且擁有家庭，坐享 20 年耕耘成果。很多人不僅擁有不錯的住房還擁有多種投資，並且一些表現優異的中年人在此期間事業有成，名譽、地位、財富和聲望都創下新高，個別佼佼者的財富累積可以用億萬形容。這個階層也是世界富豪雲集的階層，並且很多是億萬級別的財富大鱷。

40’後的境況：

(01) 40’後的人生多屬收穫階段。很多人已經擁有不錯的住房，一些人躍躍欲試投資第二房產或商業地產；隨著子女的長大，那些最早在 10

多年前已經購置房產的人開始換大房或享受投資報酬；

(02) 多數人的子女已經在國高中時代，需要籌備和支出更多的教育基金，比如大學學費；

(03) 發展比較好的中年人往往擁有多項投資，擁有幾種穩定收入管道和成熟的財富成長方式；

(04) 清償和還貸以減輕負擔；

(05) 完善保險、準備退休基金開始為即將來臨的老年生活奠定基礎；

(06) 中年危機降臨，在一貫的熟悉的生活中厭倦和迷失，一些人要轉換工作，一些人開始創業。

(07) 穩固財富和進行資產配置。

40' 後的財富策略：

(01) 穩健中求拓展。你已經擁有良好穩定的職業以及較高的收入，更有可能升官加薪，通常在這個階段，你已積蓄可觀的財富，未來樂觀前程遠大；

(02) 滿意與不滿意的博弈。此時期無論成功與否都會對自己瞻前顧後地有一個既滿意又不十分滿意的矛盾階段，這是「人生之中」的特點，無論向前走還是維持現狀，「比上不足比下有餘」的財務狀態常常讓人猶豫和困頓，處於一個停滯期；

(03) 夾心層的尷尬和中年危機。正是這種承上啟下，進與退的左右搖擺，很多中年人在智力的高潮和體力轉折的特定階段，產生職業疲勞、無法突破。「中年危機」從身心特徵四散到事業、家庭、情感、健康等範圍，並進而影響個人財務狀況。

(04) 財富儲備與財富更新。正向意義的中年進取，常常帶來巨大的事業版圖和財富方面的成功。過去的經驗和累積是良好的再創高峰的基礎，一些人順利地把握這種人生經驗和資本優勢，創造出人生的輝煌更上層樓。根據全球統計，39 ～ 49 歲這個年齡層的超級富豪占的比例是各年齡層最高的。

(05) 滿足與停滯。自然地，另一群中年人看著事業有成、兒女長大的今天會有一種由衷的滿足，開始自然而然地按部就班，著力於看守既有利益，步步為營隨遇而安；

(06) 更新與守舊，急流勇進還是不再進取，加劇人生差距。

中年是一個分水嶺，急流勇進的和止步不前的會在此時形成一個明顯的過渡帶。中年時期的退與進，恰恰決定了貧與富、普通富裕與超級富裕的階層定位，這些是決定你後半生生活與生命品質的一個里程碑，也是你是否能夠讓財富涵蓋自己、惠及子孫的決定性時期，財富是否可以傳世、是否可以造福和回饋社會，在於你中年的二次搏擊。

▨ 4. 你的 50' 時期

時光從不會停止穿梭，40 過後是 50。邁入 50 歲，有句老話叫「40 不惑，50 知天命」，它集中展現在中年以後的最後一個創造高潮 —— 不惑和知天命都意味著人生智慧和經驗的高峰時期。而「大器晚成」這句話的集中顯現在於很多 50' 後的人，往往步入社會中堅，在政府單位、私人公司擔任要職；人到此時許多人真正想明白了，知道自己想要一個什麼樣的人生。他們從容地選擇和掌握最適合自己的發展節奏，選擇自己最在意的人生目標，並清醒地進行一生中最後一個衝刺。

大多數人的50'後，常常意味著有25年以上的資歷，無論人生經驗、職場能力、薪酬回報還是個人積蓄，都在一個相當完備的階段。有很多這個階段的人家庭幸福圓滿，孩子長大成人，沒有太多事情需要操心，事業穩定不能被替代，身體健康眼界開闊，心胸豁達成熟睿智，雖體力稍減但沒大毛病，唯獨父母多已年邁，時有贍養與照顧問題。

　　50'後又是一個敏感的時期。當額頭出現皺紋、精力明顯下降的這個過程中，延續的中堅階層依然會有許多的期待，也會有許多無奈。大多數人會明顯感到年齡這種東西的存在，視力的減退和心理的煩躁更隨時隨地提醒著你，不能無視前方的衰老。「心有餘，力不足」，不再是年輕人可以拚幾個通宵，雖然自認開明，卻還是產生越來越多的看不慣；有時候表現出的執著卻被人當成老頑固，過去不算什麼的事情現在看來都有些風險。作為一種矛盾，成熟的卻不再新鮮，頭腦開放卻不再容易接受。有長期累積的心理優勢卻還會生出恐懼和疑慮，那是一種恐懼、害怕不能與時俱進、終被淘汰的感覺 —— 一份老年來兮的若有似無的不自信。很多人在鄰近60歲前，即使沒有被公司或競爭對手淘汰，就已經先行自我淘汰了。無論實際上是否還坐在辦公室裡，因為心已經不再進取，退居防守，就等著年齡一到「被退休」，領退休金了。「夕陽無限好，只是近黃昏」，一種衰老的寫照。雖然上校在66歲創立肯德基，但是「大器晚成」僅僅是成功學上的特例，對大多數人來說並沒有什麼意義。

50'後的人生規劃與財富策略：

(01) 退休金成為50'時代的第一要務。即便是適逢子女婚嫁、父母醫護贍養的夾擊，也請不要顧此失彼，將以後賴以生存30年的養老金散做它用；

(02) 降低風險，保本投資；

(03) 檢視安全網是否足夠，尤其是醫療保險；

(04) 徹底清償債務，無債一身輕；並檢視住房概況，是否需要調整，如果空巢，宜大屋換小屋；

(05) 注重精神生活，建立老年後的愛好和寄託。

50 歲後的人生是豐富又複雜的。走過半個世紀，走過人生的高點，在接近安寧的晚年的時候也常常是回味人生的時候。落葉悲秋或許是難免的，但是多數人尚能等閒視之，並且越來越多的人們更加懂得珍愛人生。人生苦短，在尾聲時特別珍重，有許多人因而領悟了和達到了更為深刻的幸福層面，所以，在所有年齡層的感覺幸福比例中，老年人的幸福度是最高的。

這個階段的一些人則面臨常見的問題。其一是財富累積較好，但職業與身體走下坡；多多少少健康開始出現問題：頸椎、腰背痛、視力問題、易疲勞，有些還會出現血壓、肥胖、血糖方面的問題；其二，「夾心族」中一些財務不富裕的人容易集中在這一階段爆發孩子求學、結婚，老人住院、奉養的問題，如果積蓄不足又適逢裁員，將面臨人生中最嚴酷的冬天。

當人生繼續前行來到 60' 以後，人們面臨的生理和心理問題逐漸增多，健康情形也越來越不樂觀。人們開始進入帶病期，許多人或多或少開始出現健康問題，甚至是心臟病、高血壓和糖尿病等一種以上的嚴重疾患，即使健康情形比較好的也常會有一些關節退化、腰痠背痛的小毛病。對於辛辛苦苦打拚了一輩子的職場也逐漸可以放下了，不再執著於追求事業，而在意修養和享受一些美好時光。一些人盼望早點退休，騰出時間做

這輩子最想做而沒有來得及做的事，旅遊、種花、運動、閱讀，或者創業等等，以更輕鬆更自在的方式享受生活、享受人生。

縱觀人的一生，如果前 20、30 年都還沒有將自身的財務問題處置穩妥，都還沒有過穩定、稱心的職業發展，那麼，這個時候就是強弩之末了。我們不是說 60 歲以後就不可以再開創事業 —— 事實上 KFC 的上校恰恰是 66 歲才創立的肯德基 —— 但是對於絕大多數人來說，一種自然的生理界限和社會共識，都不再是這個階段的人奮鬥的優勢時期。只有一種情況除外，一些人到了 60 多歲以後可以樂活，也可以選擇退而不休，那麼可以這麼說，他一定是在 4、50 歲或者更早的時候就準備好了某種條件，誰可以讓你到了退休年齡而不必退休？答案是你自己。一方面是你擁有卓越的能力使得公司依然需要聘用你 —— 像我的二哥一樣，退休後作為太空遙測專家又被聘用近 15 年；另一方面，就是你已經擁有一個永遠屬於你自己的人生舞臺，沒有人可以趕你走，因為你就是這個公司的擁有者。無論你是選擇一個兒孫滿堂，頤養天年的樂活晚年，還是選擇一個永不言退，活到老做到老的無比精彩的奮進人生，我要說的是，高興就好 —— 一個富足的、可以安享的幸福晚年總是可以告慰終生的：我們這唯一的一生。

第二章
夢想生活方式和你的財富魔術方塊

一、夢想生活的門檻有多高

　　根據上一章的內容，我們大致把人生劃分為 4 個富於創造性、最有貢獻價值的時期。這 4 個時期互為相依層層遞進，有著密切的內部關聯；如果前期的規畫和目標奏效的話，那麼後期的結果就是順理成章水到渠成；在老之將至的時候，你不需要任何人提醒就清楚地了解自己這一輩子在人群中的位置。如果你每一個階段都按照目標實現了你的願望，那麼，再清楚不過的是，你會有一種發自內在的自豪和自信，一點都不必擔心你退休老後的人生。

　　我們經常從報刊雜誌上看到一些有關財富的統計資料，這些資料十分有趣也十分無情地揭示出我們每個人所處的財富位置。一項統計表明，全世界 50%的財富掌握在 2%的人手裡。大量的娛樂和八卦新聞都在描述，豪門的一個小小的名牌鑰匙包可能是窮人一個月的生活費；年輕的新富豪在幾年內創造了成千上萬人一輩子也創造不出來的財富；Facebook 的創始人，馬克‧祖克柏（Mark Zuckerberg）因公司上市而擁有 130 億美金，是一大票中等年薪收入的人共同工作一輩子所創造價值的總和。我們不會僅僅建議你把你的財富目標訂立在擁有多少數目的金錢之上，給你的有效建議除了合理地預算和累積保障你一生使用的財富之外，在自給自足的同時，惠及子女和幫助社會上有需要的人，同時兼顧你的精神需求和心理健康，完善自我並享受溫馨舒適的幸福人生。

　　那麼，人的一生需要多少錢呢？對這個問題大家都很有興趣，都很想知道一個確切的數字。但是，各個國家收入不同、文化不同，每個地區、每個人生活目標、生活方式和消費習慣也各不相同，為這項統計帶來非常

大的難度，眾口難調、尺度不一使估算人的一輩子究竟需要多少錢這件事簡直成為不可能的任務。即使如此，各國專家通常會以大眾的共同認知取向，粗略地給出一個參照性的財富建議。

比如，從理財專家的面談建議到報紙專欄和網路文章，你都可以很方便地獲取人們心目中希望擁有的財富數值：在新加坡，如果你想擁有一個有品質的人生，理財顧問通常建議人們要儲備至少 100 萬新幣來應付退休以後長達 20～30 年的生存期，這還不包括你應當已經為你自己準備好了還完貸款的住房；美國的臨近退休的中產階層希望退休後可以拿到每月 3 千到 5 千美金，以便到世界各地走一走；中國的房地產價格飆升之後，網友們粗略計算出，一個家庭需要有 2,000 萬人民幣才能有一個高品質的悠遊人生；香港居民理想的「快樂年薪」是 153 萬港幣，全球各國理想中的「快樂年薪」平均大約是 510 萬新臺幣。大致上，截長補短，綜合美國、英國、德國、義大利、新加坡、香港、臺灣、韓國、日本和澳洲等國家的生活水準和生活素養，不精確地概括如下：如果你想有一個快意人生，那麼 300 萬美金可以作為一個粗略的標準。在這個標準下，300 萬美金的生活方式可以如此具體地描述：

(01) 擁有一套付清貸款的自住房產，通常是指有 24 小時保全和公共花園、泳池的公寓（非高階別墅）；

(02) 可以供給不超過 2 個子女的中等偏上，但不屬於超級名牌的學校教育費；

(03) 每年有 2～4 次的國外中等消費的度假（非頭等艙機票）；

(04) 一輛或二輛經濟型家庭轎車（非高階品牌）；

(05) 銀行帳戶擁有不低於 30 萬美金的現金存款、有價證券或其他投資產品；

(06) 擁有可以承包終身的醫療和其他功能的保險；

(07) 並且，最好還要有每年可以持續入帳的，能夠支應部分生活開銷的
收入。

　　這是一個絕大多數人夢想得到並且可能擁有的典型的中產階級菁英生活方式。對於廣大的中產階級和生活在城市的中高收入的白領菁英來說，多數人的理想生活美好、實際而充滿理性，並沒有太多人盲目追求擁有法拉利、藍寶堅尼、遊艇和私人飛機。他們所夢寐以求的都是可以在有生之年實現的東西：自有的住房；一些品牌消費和享受；海外度假，觀光、衝浪、滑雪、潛水；子女教育和自身老有所養。這是一種有玫瑰色彩但是可以實現的夢幻生活，它值得你去奮鬥和追求，並且在追求和實現的過程中，享受這種有品質的人生。生活本身沒有那麼複雜，快樂富足的生活需要物質基礎，但並不意味著太多太多金錢，不須攀比、經過個人努力換來的美好生活是絕大多數人的心願和夢想。300 萬美金，雙薪夫婦，20 年以上的努力，這個目標雖然不一定可以輕易實現，但是在以上國家的經濟體制、薪資結構、稅率和消費品質的大框架下，很多很多的人都已經夢想成真。

　　當然，即使這樣的標準也依然不低，它的確需要你長時期的努力奮鬥才能換取 —— 如果你想的是快速致富，請直接去買彩券而不是繼續閱讀本書。正如你知道的，世界上現在有千千萬萬的人都已經透過努力圓了這個夢，並擁有了傲人的品質生活。在新加坡有將近 17% 的人居住在品質優良的私人房產裡，每 16 個人就有一名百萬富翁；在中國，有 1 百萬人擁有 1,000 萬元人民幣以上的資產；在那些發達的國家裡，中產是絕大多數人的所屬階層，他們努力工作，幸福生活；77% 的英國人感覺自己是幸福的；歐洲和日本即使經歷了長期的經濟不景氣，許多人仍然保持著相當水

準的生活品質。財富的累積需要相當長的時期，財富的消耗也不是一日一時的。歐洲白人大約 30% 的人有繼承父祖輩的遺產；亞洲四小龍國家過去 20 年的累積和發展，也使得人們的生活水準大幅度提高。人們過去創造的財富和現在不斷繼續創造的財富，足以抵抗當前各國頻繁發生的階段性的經濟危機。所以，建議你為自己設計和規劃一個較為長遠的策略和方案，它可以足以抗衡你一生中可能出現的各方面問題，及足以保障你幸福富足的人生。這不僅是必要的，也是十分現實的。這個標準如果訂得太低，當然你也可以得到快樂，但不足以在一些意想不到的重大事件發生的時候依然給你長時間的支持和為你充當生活保障。當然，即便是如此，對於充滿不確定性的漫長的人生，人們還是沒有找到一個萬全之策以保障終生，你還是需要根據時局的變化不斷修訂你的計畫。

因而，每一個人的夢想生活方式描述，應當建立在理性和可以達成的前提下進行預設。建立一個透過努力可以實現的自身的生活和財富標準作為行動參照，並為之努力是有現實意義的。確認自身的願望和能力，不盲目比較和抬高標準，對自己的目標實現更加有利。絕大多數的人都十分清楚地知道自己不是比爾蓋茲（Bill Gates）、不是巴菲特（Warren Buffett）、也不是賈伯斯（Steve Jobs）那類具有非凡創造力的人，絕大多數人對擁有億萬家財甚至都沒有認真地去想過，他們只想要他們認為屬於他們自己的那種生活，成為衣食富足、幸福快樂的人比成為超級鉅富對他們更具吸引力。並且，很多很多人十分清楚地知道，更大數目的金錢並不代表更多的快樂。

另一方面，我們中的絕大多數人在其一生中接觸最多的是 5 到 6 位數的家庭財務數字，少數人在處理房產和商務事項的時候，有機會接觸到 7 位或以上的數字。當然，這中間並不包括專職做財務和金融工作者之所

為。我們說，在純粹處理私人事務的時候，百萬數目對很多人來說已經夠大。（不包括韓國、日本、泰國、印尼等小幣值國家），很少人接觸到太大的數目，尤其是處理自家事物、用自己的錢財。基於此，我們暫且將 2012 年以後的若干年裡，人們的夢想家庭財富標準設定在 300 萬美金這一標準上。當然，我們沒有預設上限，多多益善永遠不會錯，如果少了這些錢就有可能生活得不那麼隨心所欲。

本書的一個目標就是，幫助那些社會新鮮人在 20 歲的時候起步，幫助那些想要改變貧困境地的人，透過自身的努力改變命運，在退休之前打造好你至少 300 萬美金標準的不是鉅富但算舒服快意的人生。尤其適合那些沒有含著銀湯匙出生但是願意努力打拚自我奮鬥的、擁有抱負和夢想的人。

二、40 年 4 大步：玩轉你的財富魔術方塊

前已有述，人的一生能夠全心全意用於工作和創造財富的黃金年華大體來說只有 40 年，只有極少數的人可以幸運地一直工作到 50 年、60 年的。絕大多數人在法定年齡，不管還有沒有工作能力都是要退下來的，有的是給年輕人騰出位置，有的是因為身體和其他方面的原因而不願意再辛苦，還有一部分人是因時局變換以及其他無關自身的原因「被退休」的。通常，能熬到正常退休年齡退休的都算是「修成正果」了，工作一輩子之後，能夠有一個衣食無虞的晚年，能夠做自己開心的事情，能夠安享晚景，已經是圓滿人生了。如果在這寶貴的創造性的 40 年裡，你能夠步入人生的 4 級財富階梯，那麼，幸福快意的富足人生也就不是很遠了。

▨ 1. 第一個 10 年：確認方向和目標

　　當你在 20 歲左右的時候（前後差幾年不算什麼大問題）開始思考你的人生和規劃你理想的生活的時候，在你剛剛起步踏入社會的時候，無論此時你還在就讀還是已經開始獨立賺薪水工作，最最重要的是，你需要有一個清晰而全面的思考，你需要明確知道你將要做什麼、怎麼實現你的人生目標。這個思考有可能是一次成型的，更多的情形是不斷改變、逐步完善的；你剛剛起步的人生規劃可能過於瑰麗而離生活太遠，遠到不切實際或者沒有結合你個人特質而根本實現不了。沒有關係，即使這樣你仍然需要有一個開始，生活這隻全能的手會慢慢修正你、引導你找尋到最符合你人生的原本的位置。在你進行的初步規劃設計中，你只是思考和決定一個方向，這個方向決定著行動的目標。如果經過認真周全的思考，你可以清晰地在腦海中「看」到你的未來，那是值得恭喜的。

　　視不同情況，有些人天生心有靈犀、頭腦靈活，早早地就知道這一輩子想做什麼、怎樣去做；而另外一些人則需要別人的啟發和引導，或在實踐中摸索出來自己要的是什麼。

　　無論你是先知先覺還是後天啟迪，這兩種人一樣可以實現成功人生，並且並不因此而損害成功的程度和品質。當然，還有一些人，不幸地屬於一輩子都不知道自己要什麼的那種人。如果你碰巧屬於這樣的人，成功亦可以造訪你，但是，天大的好運砸到頭上，接住了也不能持久留下。

　　總之，這個有形無形的思考是必要的，並且越早越好、越明確越好；早定位早受益，沒有目標的人生就像沒有地圖開車亂跑的駕駛。任何成功的、失敗的、富有的、貧窮的、幸福的、痛苦的各種形態的人生，締造者都是你自己；當然環境和運氣的影響是存在的，但無可否認的是，任何一

個不盡完美的社會形態下都湧現出了大量的成功案例。所以，命運是你自己創造的，只有你自己需要為你的人生負責。而這個負責任的人生，就從認真思考、仔細規劃開始。

在這人生最美好的 20 多歲的時光裡，很多人還生活在父母的庇護和支援下因而無憂無慮，無須為柴米瑣事分心。剛剛踏入社會的年輕人意氣風發鬥志昂揚，現代多元豐富的動感生活充滿誘惑，社會節奏越來越快，生活潮流不斷變換，生活品味不停提高，對於剛剛入社會的年輕人來說，一大矛盾是生活技能的不足和生活要求的繁多。這個矛盾集中展現在賺錢和花錢的平衡方面。

由於現代社會的快速發展，經濟領域的劇烈變化，人的生存壓力越來越大，在獨立人生的起步伊始，建立長遠和得當的人生目標，養成良好的財務習慣，合理地規劃自己的收支，全面地培養各種應對的能力和專業技能，這個基礎是否奠定得正確和牢固，將直接影響到今後的生活和生存品質。一個良好的開局，意味著以後諸多步驟的順利進展，也是成功人生的一半保證。

在人生的第一個階梯上，你需要了解和掌握的是：

(1) 學會儲蓄

好習慣一定要在剛剛開始的時候建立。從一開始建立的不正確的習慣，不僅改起來很費周折和時間，有時候還積習難改回不到正確軌道上來。從人生的一開始，應該是從孩提時期，父母和家庭正確的金錢觀和消費習慣，對後代產生了重大的影響作用。從一開始接觸金錢開始，為人父母者就需要引導孩童認識金錢，從小養成合理消費和儲蓄的習慣。在英國和新加坡，一個孩子 5 歲的時候，就可以在監護人的同意下，開設自己的銀行儲蓄帳戶，以便給孩子們一個接觸、儲存、使用、成長金錢的合理合

法的正確管道。

　　對於剛剛進入職場的年輕人，從一開始領薪水的時候，就要培養和堅持儲蓄的好習慣。每個月首先從薪水中拿出 10% 或更多，存入專門的儲蓄帳戶。現在的銀行服務都十分周全，有各種幫助你進行不同類別的儲蓄而專門設計的帳戶供你選擇。最方便的是自動轉帳方式，在每個月薪水發放之後，自動指定金額轉入一個固定的儲蓄帳戶；這個帳戶通常利息稍微高那麼一點點，沒有任何規定你不能動用這個帳戶內的錢，但是如果遇到急用動了帳戶裡的錢，那麼這個月的全部利息就會損失掉，銀行就是用這種小小的獎勵和懲罰來鼓勵和幫助你存下你的錢的。這種「首先支付自己的儲蓄」可以「強制性」地保障你在生活費用之外留一筆富餘下來的「閒錢」。不管你的年薪是 30 萬還是 40 萬，一年後你就有了一筆 30,000 多或者 40,000 多元的留存下來的備用資金，3 年後、5 年後，加上利息，你就有了一筆可以派上一些用場的不小數目的基金了。

　　每年三五萬元雖然不是一個大數目，但是，經過持久的堅持和複利的連續若干年的滾動，即使沒有什麼大的動作，10 年後都是一筆可觀的基金了。更何況有許多人就是運用這個簡單的方法，將獎金、紅包、加班費等額外收入也拿出一部分累積下來，並且隨著工作資歷增加而不斷成長的薪水，會使你儲蓄的比例也逐步增加到 20% ～ 30% 左右。假以時日，5 ～ 10 年的累積通常會成就你一個婚禮的花費，一份提升學位的學費，或者是一部分購屋的頭期款，當然也可以是你啟動投資或創業的第一桶金。每個月持續的這份小小的儲蓄計劃將為你的夢想插上起飛的翅膀。

　　儲蓄十分簡單，它是一個人工作之後安身立命的必學一招。目前，經過了 2008 世界金融危機之後，連一貫「花明日錢」的美國人也開始了儲蓄。儲蓄的最基礎意義是積穀防饑以備不時之需，更重要的，它是你個人

累積資本的最原始來源，當一筆小錢多年後滾成了一團大資金的時候，你就會深刻了解擁有資本的人不僅僅只是擁有了錢，它還帶給你了選擇、便利和更多的發展機會。

(2) 嘗試投資

　　大概在你耐心儲蓄 3 ～ 5 年以後，當你因固定的儲蓄習慣為給你小小的成就感 —— 一筆資金之時，隨著帳戶裡儲蓄數字的逐漸增加，你會發現你的信心和想法也在隨之增添；你會逐漸留意以前沒有擁有「多餘錢」的時候沒有留意到的一些事，可能是採買較為貴重的物品，也可能是動了買房、買股票做點什麼買賣的念頭 —— 這個時候你已經在考慮投資了。對於年輕人來說，投資就像少年時的習武，也是越早開始越好。世界首富巴菲特在 5 歲就開始送報紙賺零用錢了，幾年後他將存下的送報紙錢投資了 2 臺糖果機放在理髮店裡供等候理髮的人解悶；他第一次的投資為他帶來回報之後，又開始打撈掉在湖水中的高爾夫球，洗淨了以後便宜賣給那些打球人；賣二手高爾夫球之後，他開始透過做股票經紀的父親代勞嘗試投資股票。14 歲的巴菲特就已經因為股票營利而成為聯邦政府的納稅人了。少年時期開始的一連串投資行為已經表現出他對金錢的獨到感覺，這些經歷也很好地培養了他對資金的操作和排程，對他最終成為當今世界獨一無二的「股神」功不可沒，年少時候這種對金錢感覺的歷練讓他在成年以後的「滾雪球」本領非同一般。

　　對於今天的年輕人來說，不管錢多錢少，類似於少年巴菲特的投資嘗試是不可缺少的。只有在不斷的投資嘗試中，你才可以找到最終適合你自己耐受力和習慣的投資領域和投資方式，它可能是國債或者股票，也可能是收藏和貿易，還可能是朋友的小生意和合夥公司等等。在嘗試中學習投

資之道，是尋找和成就財富人生的最好方法。嘗試投資的過程中，你可以累積你的實戰經驗，你可以從零開始你的財務管理，你還可以因面臨風險而學會規避風險，只有你在投資的路上邁開步伐了之後，你才能夠獲得你的體驗和投資心得。嘗試投資你不一定就會賺到錢，甚或還會賠錢，但是，如果你永遠不去嘗試，你就永遠不可能得到投資所帶來的回報和成功的感覺。總之，學習投資可以讓你嘗試「以錢生錢」的操作，還可以透過投資學習到許多實用的財務管理技巧和金融知識。當然，投資是有風險的，失敗的投資有可能侵蝕你的本金，但是「不是得到，就是學到」，投資所能帶給你的，是金錢和精神的雙份回報。而對於年輕人儘早嘗試投資的建議理由還有一點，那就是，即便失敗了你還有鹹魚翻身的勇氣和機會，你還有大半輩子的時間來修正錯誤，你可以重頭再來，而年齡太老的話就再也不能夠了，這就是生命對於年輕人的特別優待。

(3) 確立方向樹立目標

方向和目標是成功人生的不可或缺的重要因素。在美國心理學家一個長期追蹤專案的調查研究發現，27%沒有目標的人他們的生活相對貧困，60%有模糊目標的人他們的生活時好時壞，有10%的人他們人生中有清晰的短期目標，他們的生活相對於那些沒有清晰目標的人來說更為富裕和穩定，另外，大約有3%的人不僅有清晰的長期的目標，還持久地堅持這個目標，這部分少數人就是那些有巨大成就的人。這個結論是否與我們平時觀察和應用的 20:80 原則的精髓相互吻合？是不是也接近平日裡「十裡挑一」的優秀法則？

目標是你人生中的地圖和方向標，沒有目標也就沒有終點；誤打誤撞只是一種偶然，任何成功人士不乏運氣但絕不像買樂透一樣僅僅依靠運

氣。有了目標，心中就有了期待，就會幻化成一份持久縈繞心田的夢想，你心裡的那一點光雖然微小而且飄渺，但卻可以導引你人生的航程。目標──期待──夢想，會讓你產生無窮動力，去探索、去發掘、去嘗試、去實現，這種來自心底的內動力勝過任何外人強加給你的責任和義務，你會像愛因斯坦一樣去發現你的人生，去創造和成就你的多彩生活。儘早地找到自己的興趣點，盡早地樹立一個努力的目標，讓心底亮起一束光，讓自己「看到」自己的未來。

總之，在人的第一個 10 年奮鬥期，最重要的是，有一份工作站穩腳跟；開始儲蓄以奠定個人實力；學習投資和為自己找到努力的方向。為你的生活勾勒出一個大致輪廓──你將朝著那個人生方向邁步行進。記住，沒有 20' 時期的各種累積做為基底，你就不可能在 30' 時期起飛。

2. 第二個 10 年：世界是平的

在你 30 歲開始的這個 10 年，是你人生中最重要的兩個階段中的其一（另一個是你下個階段，40 歲的時候）。之所以這樣說，是因為相對於 20 歲懵懂未開的情況下，「三十而立」的年齡被視為接近成熟的年齡，不但精力和體力達到了高峰，智力和經驗也因為有了前面十幾年教育學習的基底和畢業後出社會的實際工作經驗，成為一個實踐與理論都曾經涉及和接觸了的完全獨立的人。更為難能可貴的是，這個時期的人是一生中最豪邁的階段，初試啼聲後自信充盈、興趣盎然，一腔抱負、勇於探索，還來不及遭遇人生特別重大的挫折和失敗，所有的小的不順正好可以當成勵志的教材。這是一個風華正茂，敢想敢做的年齡，這是一個前不怕虎後不怕狼的時代，因為 30 多歲的人父母尚且年輕，有些還沒有小孩，可能有了一個伴侶分擔憂愁和依偎取暖，即便已經成家也沒有太過沉重的負擔。這是

人生中最輕鬆、最自由、最奔放、最敢想敢為的年齡層，因在人生的上升階段而虎虎生風、志得意滿。

從個人財務上說，進入 30'後的 10 年，也是初嘗勝利果實甜蜜之後升騰野心和實現抱負的時代。20'時代的後幾年，你已經從一個社會新鮮人、助理、辦公室的底層慢慢地「熬」到了執行人員甚至初涉管理層，收入也已倍增並且有過一些投資行為、品嘗過一點成功味道。無論是精力還是經驗，無論是心想還是志願，從個人還是從社會，各個方面都對 30'時代寄予厚望。30 歲的確應該是放開手腳、大膽打拚的時代。對於 30'時代的青年人來說，此生豪邁無所畏懼，世界上任何的起起伏伏對你來說沒有踢不平的。

在這個寬廣的人生大舞臺上，你需要特別掌握的法則是：

（1）替代性更新版職業和財務規劃

你已經了解，樹立一個明確的目標可以更為有效地幫助你實現所希望的成功。對於 30 歲的人來說，送給自己的最好的人生禮物莫過於根據初入社會之後經歷的 10 年累積所帶為你的人生領悟 —— 你要在這個時候替自己做一個精確的全面的升級版人生規劃，總結你的前 10 年，捕捉你以往的精彩，修補你過去的不足，為你即將開始的全面發展做一下心理建設。在這個有針對性的中期職業規劃裡，你需要全面檢視你已經走過的 10 年職場人生，客觀評估你在職場的各種表現，發現你的強項和弱勢，發掘你的興趣和潛能。坦率來說，這樣的反思只有你自己可以做得好，沒有人比你更了解你自己，任何人對你的評估都是次要的 —— 你需要做一份不是給老闆看的人生總結和未來發展企劃書。在進入你的 30'時代的時候，一個認真的、確定性的、明確的職業和人生規劃的思考和定位，是你今後

擁抱成功的關鍵。在總結之後，更重要的步驟是你需要放眼你未來的幾年，要把重點放在穩定的職業發展和穩健的收入成長上來。因為你已經或者即將全面擁有的家庭、孩子、房子、車子、個人成長、全家旅遊和種種的人生大事件都將陸陸續續接踵而來，你熱情快意的幸福人生必須建立在一個穩固的物質基礎上，而你此時的職業和收入是這一切的保障。

在 30 歲的規劃中，你可以加入一些嘗試和夢想。放飛理想是一個浪漫又實在的，只有在年輕的時候可以嘗試的事情。大量的過來人的懊悔證明，年輕時候沒有去做的事正是年老的時候懊悔的事；相反，年輕時候做錯的事沒有什麼大不了的，因為年輕就是一個「試誤」的過程。這個世界上沒有不犯錯誤的年輕人，但是成熟的中年人和老年人犯錯誤就不再會被原諒。

在人生的短短百年中，有些事情像單行道，過了這個村就沒有這個店了。「少壯不努力，老大徒傷悲」，錯過了最佳的發展時機，一些事情可能就永遠不可逆轉了。這其中就包括了嘗試錯誤本身。所以，「試誤」這樣的事情發生得越早越好。你需要在嘗試中發掘自身，你需要在不斷的接觸和反覆的實踐中找到那個能夠讓你爆發的興趣點，你需要在多次探索和磨合之後才能找到自己最適合的發展定位。所以，再次反思「做什麼」、「怎麼做」、「能不能」、「怎樣能」這些看似以前已經思考過的東西是完全必要的，因為經過 10 年發展，你已非你 —— 人「沒有辦法兩次跳入同一條河中」，而第二次做同樣的事情，不是簡單重複而是一種慎重選擇。你選擇將自己擇優汰劣，用你的人生經驗和智慧，發掘和豐富你的未來；你選擇用不斷嘗試的方式，用實踐來檢測哪些是正確的哪些是錯誤的；成功的過程從某種程度上說，恰恰是排除謬誤，堅持正確的一個過程。可以肯定地說，經過揚棄，你為自己留下來的都是比較適合你自己的。所以，30 歲時再一次確認目標和實現方式，是你成功人生的必要步驟。

請不要忘記我們前面說過的話：想什麼你就會去做什麼，做什麼你才能夠得到什麼。你現在決定列入今後實現目標的，正是你預訂下的你自己的未來。

(2) 確立穩定收入，實現多重收入

可以肯定的是，30 歲出頭的年輕人大多數人的收入來源是他們的薪資，少數人涉足商業經營擁有自己的獨立或者合夥企業而有投資或者分紅，另有一些人會擔任兼職以賺取一些外快。對於普通的已經工作和儲蓄 10 年左右的年輕人來說，即便是單純的薪資收入，如果已經養成儲蓄習慣，至少已經擁有了 10 倍的相當於基本薪資的資金累積。對大多數人來說，工作收入既是這些年輕人的第一收入，也可能是唯一的收入。尚淺的資歷和經驗是他們沒有擁有多重收入的原因。但是，他們其中的佼佼者有可能已經開始建立自己的第二收入來源，或者嘗試多種投資了。通常，在 30 多歲人們主動嘗試的一些工作以外的活動，正是未來他們有可能投入更多精力或者轉換職業跑道的領域。恰恰這些探索和嘗試，讓人們可以找到適合自己發展的更有利的方向和更豐沛的收入管道。

如果只有一份工作，那麼提升職位、開拓職場版圖、增加收入成為人生必經之路；事實上，許多頭腦靈活的人往往在他們 30 多歲的時候，已經找到了他的第二、第三甚至更多的增加收入的管道。經過幾年的成功嘗試，一些財源逐漸被固定下來，成功地併入他財富蓄水池中常流不斷的「水龍頭」。許多人在 35 歲以前，已經嘗試過股票、基金、信託產品、保險和房產投資等活動，他們中的一些人甚至早在 20 多歲已經賺到了自己的第一個 100 萬，更多的人在 30' 時期的中早階段也擁有了自己人生的第一個 100 萬。基本上，在 35 歲以後，每個人都已經很了解這輩子自己

要靠什麼吃飯了，有什麼優勢、有什麼不足，還需要哪些提高、加強，最好能夠得到什麼樣的支持和扶助，人們大致清楚自己在人生格局的相對位置，也能夠感知自己的人生方向了。

(3) 涉足房產

非常重要的是，如果你不是月光族，我們前已有述，養成一個正確財富習慣的年輕人經過將近 10 年的儲蓄，基本上已經擁有了相當於 10 倍基本薪水的一筆不算太少的自有資金。更難能可貴的是，這筆小小的財富不僅為你的財富征程插上翅膀，也使你累積了比獲得這些財富更寶貴的經驗和信心。如果你在 20' 時代就已經有意識地進行了財富觀察、試驗和累積的初步嘗試，那麼，正是此時，你有了一個展翅高飛的時機 —— 在你年齡不老不小的 30' 時期，你也許剛剛成家，也許正在考慮進入結婚殿堂，不管你是暫居父母的屋簷之下還是已經擁有一方屬於自己的小天地，總之，這個時候是你涉足地產的最佳時機。你既可以借居在父母提供的免費房間裡投資自己的未來住所，也可以乾脆就開始自己的房產投資和出租事業，更可以自給自足地買一間房子給初步獨立的自己。無論是怎樣的一種投資嘗試，在 30 出頭的年齡開始涉足並累積房地產投資經驗，你將永不後悔這個造福你人生和財富歷程的選擇。

對於人生的第二個 10 年，你是在剛剛起飛還是已經初嘗了成功的滋味，這完全要看你 20' 時代做了什麼和做得怎樣。在人生奮鬥的過程中，僅僅 10 年，已經足夠拉大同伴之間的距離。具體地，單從 30 多歲時候的「蓄水池」的結果就足以證明這一切：那些先知先覺早行一步的人，在他們 30 歲以後就陸續開始收穫回報、品嘗成功了，包括在職場上，少數的年輕人已經進入管理層，不僅得到重用並且得到加薪。如果已經征戰商場，

20 多歲開始起步，成功撐下來 5 ～ 8 年的商業營運，他們也基本上挺過了生存期的種種考驗，不僅累積了經營經驗，也累積下了經商和人生的資本 —— 在 35 歲前成功賺取人生的第一桶金。更傑出者，少數出類拔萃的年輕人一舉成名，像 Facebook 團隊的幾名戰將，均是平步晉級到億萬富豪的大鱷級別。「一切皆有可能」，如果你相信這句話，你就知道這個世界的無邊廣闊和無限可能。

對於普通的、最低起點的財富累積歷程，我的建議就是在 30 歲前後學習和涉入房產領域，無論是職業的還是副業的，都是必要的和可行的。因為，只有你關注房產，才可能接觸到融資貸款、地段選擇、環境甄別、投資報酬和政策考量、國際經濟影響等一系列相關問題，只有你身在其中，這些相關的問題才能夠對你產生連鎖效應，你才可以在思維、決斷、眼光、遠見、勇氣、執行、審美、人際、管理等等最為綜合的面向磨練你的判斷力和檢驗你的實行力。無論模擬操作多麼能夠提高你的認知能力，什麼都比不上實戰帶給你的真實考驗和鍛鍊，有誰見過理論知識考試優秀但是不下場練技術的人最後能夠駕駛汽車呢？知易，行更難，不嗆水永遠學不會游泳。涉入是另一種更複雜深刻的學習。

（4）擁有一個企業

30 多歲是人施展抱負的年代。尤其是處於現代政治穩定、經濟騰飛的時期，幾乎每一個人都曾經懷抱過創業的夢想。如果你真的仔細考慮過這些事，那麼，可以肯定你是對的，因為大家心裡清楚地明白，一輩子忠誠於一家公司的「鐵飯碗」時代在世界上已經絕跡，終身僱傭已經被契約員工取代。—— 即便是你仍然可以一輩子不換工作，你心裡也很明白，一份 8 小時工作換取的報酬是不能滿足現代人多方位的需求的，僅僅依靠薪資

收入是不能致富的。令人沮喪的是，現在更多人還意識到了，僅僅依靠努力工作也是不能致富的。所謂職業，那只是個飯碗；所謂薪資，那只是一份有限的保障；只有擁有或者參與持續不斷的經營並創造利潤，才是人生致富的源源不斷的收入泉源。

　　如果你決計要放飛理想，那就不妨讓自己「飛」得更高一些。在你的30'時代，留意關注、走近觀察、擁抱加入、最終擁有一個屬於自己的公司和企業是一件非常美妙的事情。作為開拓性嘗試和對自身潛力的挖掘，創業是一個人生中非常有意義的機會，試一試自己究竟能吃幾碗飯，看一看到底自己是領薪水的人還是發薪水的人，這是人生中對自我的一次重大考驗和挑戰。創業，自己做老闆，這幾乎是每個工作過的人心中都曾經閃動過的想法，只是很少有人具備條件、自信滿滿地跳出來實現它。這個很多人都發過願的，有關人生、夢想、事業和財富的成為企業家的美夢，在你20多歲的時候如果沒有來得及嘗試，那麼在30多歲的時候，當你具備了知識和資本的雙重擁有之後，無論是當你事業順利、擔任著主要業務骨幹的時候，亦或者你有了觸頂「天花板」的職業倦怠的時候，它都是你展翅翱翔的最佳時機。

　　簡言之，當你翅膀硬了，具備了單飛的能力以後，創業和成為企業主人的想法是必然的和自然的了。一般來說，30歲以後創業的成功率比一出校門就創業的20多歲的新鮮人高上許多，這有賴於思想的成熟度、社會經驗以及專業能力對於創業的貢獻。另外，30多歲的人的資金籌措能力和人脈關係也使他們在創業中更具優勢。少數20多歲出入商海的年輕人，如果本身並沒有太長時間的工作經歷，通常是受益於家族企業的薰陶，或者是一些具備天生的生意頭腦和商業天才型的人；同時，出身於貧困、沒有升學機會、必須自謀出路的「窮人的孩子早當家」這種類別的商業人才

也很常見。這些活生生的例子說明，經商需要的是勤奮、熱忱、勇氣、遠見和靈活的頭腦，商業成績並不與任何學歷和專業掛鉤。事實證明，現代教育多傳授人基礎知識，關於創新型的商業模式和影響世界的發明、改變人類行為方式的新事物，恰恰不是現代教育可以量產、訂製培養出來的，蓋茲、賈伯斯和祖克柏等創造型人才都不是現代教育的結果。

如果你天生是一個安分守己、滿足於現狀的人，那麼一份安穩的工作應該是不錯的選擇。普通職員也有燦爛豐碩的人生，並不是所有的人都願意選擇做老闆。那些喜歡做研究、教書、做行政管理和財會金融等職業的人，通常在一段穩定的、長期的辛勤工作之後，依然可以憑藉自己的專業能力拿到很高的薪水和獲得良好的待遇，如果沒有過度消費，高薪專業人士恰恰是最先擁有富足人生的菁英一族。區別在於，那些最終擁有企業的人可能走得更快、更遠、更自由、更開放一些。一旦你嘗試擁有自己的企業或者參與合夥經營，那你就意味著成功地為自己走出了一條新路，這條路將帶領你走向更寬廣的事業和收穫更大的財富，因為，你比職員多了一份自由和自主，以及由人生成就作為無限激勵的創意。

人在 30 多歲的成功嘗試，正是 40 多歲飛黃騰達的先決條件。從觀察和學習別人的成功開始，摸索屬於自己的那條獨特的成功之路。如果你穩定發展並小有成就的話，在下一個階段厚積薄發甚至出現噴飛式的成長，都可能是你這一生出類拔萃的印證說明。

▧ 3. 第三個 10 年：增值與收穫，奠定財富基礎

40 歲是人生的第二個創富階段。據統計，35 歲至 49 歲之間的億萬富豪的人數是各個年齡層中最多的。在 30 歲後的發家致富者所擁有的財富數值通常為千萬級別，8 位數身家的富裕人士在 30' 族群中特別多；而在

40 歲以後的財富群體所擁有的財富數值通常高出 30'族群的數倍。也就是說，40'族群的富豪人數更多、擁有的財富值更高。這個結論既符合財富的時間累積價值，從另一個方向而言，相對於 30'的族群來說，40'族群已經度過了一生中消費最大、最密集的特定時期，他們位重薪高，投資得手，開銷穩定，子女不太年幼，父母尚未衰老；這是人生中成果豐碩的秋天，人到中年正是生命中收穫豐沛的好季節。

40 歲後的人生重中之重是平穩過渡、增值收割、鞏固提高和編織安全網。但 40'後也並非金光閃閃碩果纍纍的秋天，它也潛伏著一場人生危機。

理想中的人生應該平等且美好。經過 20 年的奮鬥，人生的龜兔之賽已經拉開距離。那些快手快腳、頭腦靈光的傢伙，看起來已經要穩穩地登陸幸福，而那些運氣不好、能力有限的人，在 20 年的長跑中已經明顯落在後頭。無情的分水嶺橫亙在當年同一批出社會的人之間：有人管人，有人被管；富者豪宅名車，更多人的生活只能相比於自己的從前感覺略好而已。這個時期的同學會是最有甄別意義的：當年那個坐在你後面一排的壞傢伙現在成了老成持重的公司總裁；那個印象中成績不比你好的老張現在是一個企業的高級主管；讓你吃驚的是好好先生班長現在還是那麼喜歡為別人服務 —— 他正在擔任當年同年級另一個班的一個傢伙的司機兼私人助理！

命運的落差和較勁是不可避免的，結果迥異所造成的現實也是讓人跌破眼鏡的。不可避免地，40'後的群體被「選邊站」了，那個最常用的標籤叫「成功」。無論你自身願意或者不願意，這種比較在所難免，無論你接受不接受，比較的結果都有些不太好接受；人們不可避免地被劃分為風光的成功者和碌碌無為的芸芸眾生。在 40 多歲後，人生跑完了上半場，成績也就是你今天的生存狀態；財富之秋也是多事之秋。

通常，40 歲以後你寶貴的收穫的 10 年裡，需要特別留意這些問題：

(1) 財富收割和快速增值

　　40 歲以後你站在人生承上啟下的位置，進入到人生最豐沛的收穫期。經過 20 年的奮鬥，這個時候在人生中該有的你應當都有了。如果在 40' 後你的事業發展和財富累積都還有問題，那意味著你這 20 年這樣那樣的不順利和挫折，導致你沒有實現該實現的部分目標；雖然你可以在以後的若干年裡繼續努力東山再起，顯然地，機會和可能性也減少了許多；如果在以後的 20 年裡沒有大的機遇讓你鹹魚翻身，或許就沒有多少把握可以有一個安適的晚年了。

　　按照正常發展，如果你在 20 歲以後養成好的財富習慣並勇於學習、吸收，在 30 歲大膽實踐並成功找尋到適合自己的財富創造和財富累積的方法，那麼，人在 40 歲以後的路從道理上說其實很簡單，發揚光大、鞏固提高就是其精髓。但是，越簡單的東西越難以維繫。事實上在 40 歲以後，由於前有經驗、後有想法，在新與舊之間的交接搖擺以及作為家庭承上啟下的「夾心族」，由於生活的慣性造成的厭倦、疲勞，以及向上爬所面臨的壓力、困惑，再加上一些時局影響、前程的不確定性，中年人在滾滾社會洪流中不進則退的態勢下，能夠保持持續性進取和發展的，已屬不易。很多人在 40 多歲的時候就疲倦了，不想那麼努力進取了，不想像年輕人那樣地付出和奔跑了，被後來者逐步替代、淘汰也是人生的一種必然。

　　因此，在這一時期裡的財富重點與生理和事業發展曲線一樣，固守相當重要，並且要儘早戰勝中年時期新舊交替階段的心理動盪，爭取一個平穩的過渡和達到穩步的上升。當然，如果能夠藉助於 2、30 歲時候的銳氣

和已經打下的堅實財富基礎，並在此基礎上尋求突破，那麼，這個人生中第二個最重要的造富階段所產生的能量將是人生幾個階段中最具爆發性的：從普通走向優異，從優異走向卓越，卓然超群、傲視群雄、達致超然境界的成功建樹多在人生此一階段。統計中很多企業主從經營一間小公司到擁有品牌、經營連鎖企業到掛牌上市，突破性飛躍的階段都落在他們人生中最輝煌的 40'後時期。這是人生中最為重要的階段，也是人生的中流砥柱。當然，就像很多人一輩子沒有達到過「優秀」和「卓越」一樣，大多數公司也未必會有上市發行股票這一殊榮。但是，成功有效的商業拓展，品牌和連鎖經營，企業併購，國際策略，股票發行，如果這些大思維、大策略最終都沒有進入一個人的視野和生活的話，那麼他將很難理解什麼是財富的病毒式成長。

快速成長財富和收割財富，是這一時期成熟的思想、成熟的模式、成熟的變革和成熟的騰躍對於中年人的最高獎賞。當然，對於更多的中年人來說，如果生命中沒有如此重大的機遇能夠登上臺階的話，那麼，延續上一階段的成功財富方法並且努力拓展新的、穩定的財源，是這個時期的最佳選擇。

(2) 資產配置

40歲後的人通常會累積一定的人生財富，包括有形的房屋、投資和存款以及無形的經驗、技術和能力。他們通常也會有家庭以享天倫之樂。對於辛苦努力 20 多年累積打下的這片江山，除了繼續採取跟進策略使財富進一步增值之外，他們最看重的是如何才能持續地保有這來之不易的勝利成果。

越來越多地涉入投資專案，勢必帶來越來越大的風險。對於上有老下有小的中年人來說，家庭財富對於全家人的生活保障至關重要。創造和累

積財富只是建造幸福的一個步驟，如何做到保值、增值是維護財富的一個要求，留住財富、維繫生存、有效抵禦各種可能來襲的風險以保全財富、保障幸福，有一個積極的防禦策略就是進行資產配置。

簡單來說，資產配置就是為了抵禦風險，防止過分集中處置財富——「雞蛋不放進同一個籃子裡」，以各種合理比例的資產配置來保全財產和保障資產在特殊情況下不受另一種大的危機的侵蝕。所以，通常 40'以後的家庭資產配置需要及時調整，現金、股票、不動產、保險等等，每隔一段時間進行一次評估，目的是分散風險，既有相對高的投資回報，又要保證越來越頻繁的經濟波動和大的危機發生的時候，各類資產相對獨立，不會受到嚴重的影響和使資產遭受致命性的損失。

(3) 布下一張安全網

40'後的人生有人說像「夾心餅乾」和「漢堡一族」，上有老下有小的生活中很多人是家庭中最重要的經濟支柱。天有不測風雲，人有旦夕禍福，居安思危提前防範是以不變應萬變的良策。

所謂的安全網是指因應各種可能發生的事件的準備對策。現代生活節奏緊張，工作壓力大，健康、失業和意外都是足以影響家庭生活和幸福的大問題。逐漸上升的醫藥費讓中產階級因病致貧，動輒 6 位數、7 位數的大病治療和重症維護即便是富裕家庭也難以接受。因此，住院保險、重病保險是必須的。人壽保險是家庭棟梁所必備的，家庭的主要經濟支柱萬一發生意外，對於這個家庭來說可能是毀滅性的打擊，人壽保險是維持未成年子女和無人奉養的老人的最後一項經濟安慰。除此之外，家庭成員們依據年齡、需求的不同，也應該準備相應的保單。40'後的生活中，建立財富和維繫財富是同等重要的規劃內容。

（4）中年危機

正常的話，人在 40' 以後不僅累積了該累積的財富，建立家庭、撫養子女，也體驗和經歷了人生中的許多重大事件、職場和社會中的數次變革，可以說喜怒哀樂、悲歡離合都經歷或者遇見了。

人生無坦途。你注定不可能一直生活在快樂、滿足、欣喜、愉悅這些正向的情形中。人生像波浪，有高潮也有低谷。40' 後的人生，伴隨著這一生中最大的收穫期的到來，人的體力和精力也走過了此生的頂點，像拋物線一樣地開始了下降的旅程。這裡，伴隨著大多數中年人的生理和心理特點，許多人都會經歷或多或少、或強或弱的「中年危機」。「中年危機」是一種身心矛盾和困惑狀態。

在經歷了 20 多年社會和家庭生活之後，許多人會產生一種難以名狀的疲憊感和困惑感。經驗、技能、資歷，榮譽、地位、財富，在成功打拚和擁有之後，人們依然會產生失落和無意義感。這些也許是源於工作上的難以突破，也許是源於家庭矛盾，也許是因為孩子的叛逆，也許是由健康和體力的下降所引發，等等原因造成中年人的心理疲憊和身心失衡，不該產生的憂鬱、揮不去的壓力、莫名的煩躁、無法擺脫的空虛等等症狀以不同方式表現在不同的中年族群中。

這個時候你會體會一種摻合在一起的複雜滋味，沒有得到的有沒有得到的痛苦，什麼都擁有的也會產生擁有之後的失落，不成功的有不成功的煩惱，成功的有成功的憂慮；「40 不惑」實際上是人生最困惑、最質疑的一個時期。之所以在明顯優勢的年齡層出現情緒上的反叛，應當說這是人類成長到一定階段後的心智成熟表現。在經歷過長時期的打拚之後，尤其是衣食無虞、事業穩定，爭得「半壁江山」之後，人們會在這個暫時穩固

的時期大量地、認真地重新反思人生的價值，並尋求自己傾向的答案和途徑。因為困惑所以求索，在思想的左右搖盪之中一些人會產生比較大的改變。經過了這個過程之後，一些人想清楚了，一些人重新審視了自我，一些人徹底改變了，還有一些人得到或者失去了前行的動力。中年危機是人生中的另一次撞擊和選擇的過程，是又一個改變和轉化的契機，也是造成更大差別的人生的另一個暗伏的坎，亦或是推動力和破壞力 —— 總之，經歷了這次長達數年的思考和混亂之後，人們常常表現出對人生的更大的協調、反叛、挑戰和臣服，之後的奮進和固守就成為更大的分水嶺的基礎。—— 在你 60 歲的時候將表現出更明顯的差異。

年輕力壯的中年時期是人生最美好的階段之一，也是人生最矛盾的階段。無關乎人的發展好壞，許多人進入到中年的時候都會產生中年危機。更加糟糕的是，在人生將近一半的這個階段，45 歲後出現的男女共有的更年期的影響下，中年危機或前或後或多或少地影響了很多人的事業發展、家庭安寧及財富累積。如果沒有妥善處理這個身心疲憊、矛盾頻發的階段，它造成的對職業、事業、家庭、財富和幸福的影響，將是無法計量和逆轉的。比如，進取心的消失，創新能力的枯竭，貿然行事與太過保守，家庭破裂、離婚與財產分割，等等，有許多新出現的問題導致原本健康興旺的發展中途突變，造成人生顯然的和潛在的風險，並且蠶食鯨吞著你現有的財富以及未來原本可能的財富累積。另一些不期事件也常常在人有防備或者沒有防備的時候突然降臨，比如失業、調職更換工作、遭遇健康問題、意外傷殘、死亡、子女問題、父母健康、財務問題和遭遇破產等。職業厭倦和「玻璃天花板」常在中年的時候因各種因素而加劇；有時候好事突然就成了壞事，壞事又防不勝防。之所以中年被稱作人生的多事之秋，由此可見一斑。

在 40 歲後期的時候，也常常是職場人士自主創業、轉換跑道的人數較多的時期。對於普通受薪階級來說，40 多歲的人該提拔的都已提拔了，該加薪的也已經加薪了，他們的職業發展除了因循以往，沒有太多其他的可能，倒是有可能在任何不利的環境中最先被裁退。因此 40' 後的人由於各種原因轉換跑道，尋求新發展的人數大增，許多人此時往往可以輕鬆地變成自由職業者或者開始自己的生意。雖然沒有 20 多歲的衝勁，但是，以人生經驗、人際圈子和資本累積來說，40 多歲的人往往有優勢、更沉穩、也更易獲得生意的成功。

由此我們說，中年人的心理調節和平衡，對於持續穩定發展和後續發展來說至關重要，心理失衡了，也就沒有辦法按部就班地創造財富，締造更大成功了。突破守舊觀念和動盪心理，及早梳理思路，學習新觀念、新技術，積極調節身心，多做有益健康的運動，合理減壓，妥善解決家庭問題和職業瓶頸，這些問題的完善解決是你平穩過渡、實現新的飛躍的重要環節。突破、堅守、向上提升、尋找平衡，既是中年時期心理的也是財富的最佳策略。

4. 最後 10 年的突圍：保有財富準備過冬

對於絕大多數的人來說，50 歲以後的 10 年往往成為職場上的最後一哩路。雖然越來越多的人自己創業，擁有自主的公司和生意，在退休這個有具體年齡標準的事情上有所突破，但是和眾多的受薪人士相比畢竟還是少數，職場人士即便是在 60 多歲時身體和健康條件尚可，可以做到到站後「退而不休」、「永不言退」的還是極少數。對於已經成功，擁有自己的企業多年的那部分人來說，能夠將企業延續經營 10 年，企業已經變成了他們的事業；成功經營 10 年、20 年或者是家族流傳下來的基業，當已融

入血脈，成為生命中不可分割的一部分。一個人的事業演變成家族企業，雖然生意有大小，所創造的財富多寡不可一概而論，但是通常他們的狀況會比職場的人更寬鬆靈活，有多一些的選擇自由，可以退下來享受生活，也可以活到老做到老，繼續創造。但對於普通職場人士來說，即便是受委任為公司最高的執行長，也還是有一個退休年齡之說的，鐵打的營盤流水的兵，越正規的大公司越會有一個明確嚴細的管理條例，無論高薪還是低收入，有那麼一天，按月領取的薪資將戛然而止，從此後生活將視之前 30 年對自己的退休金、養老金、社會福利津貼的貢獻額度，而改領一份或多或少、足以讓人吃飽但是不足以滿足各項老年生活需求的叫做退休金、年金等類似名目的月俸，直到終老都不會有太大的改變。

按照當前各國人口平均壽命的統計，令人欣慰的是人們的壽命都延長了。即便是男性，大多數非貧困國家的男性壽命也接近 80 歲，女性由於愛交流的天性，壽命又比男性多出 7 年。也就是說，隨著醫療技術的發達和各個國家對人們照顧的愈加周全，你的壽命有可能比你預想的還要高出那麼一截。目前，敏感的保險公司已經做出了調整，推出一些高齡的保險配套。欣喜過後是壓力，如果的確可以幸福地長命百歲的話，這個美麗的命題後面的保障，是工作年限的延長和養老費用的增多。如果以現行的 60 歲退休、平均壽命 80 歲來準備養老金的話，人們可以用 40 年的工作時間準備 20 年的退養生活；如果壽命延長多 10 年，人們就必須用同樣工作時間多儲備 10 年的退養費用。不算好消息的統計是，無論是新加坡還是美國，在退休前 10 年，也就是年近 50 左右的在職者，他們的退休金儲備帳戶裡只有大約 40% 的比例達到了最低限度，這意味著一半以上的人還沒有為退休做好準備。如果在長達 30 年的工作期間你都沒有儲蓄下來多少錢的話，那麼在退休前的 10 年裡要想完成漫長的 30 年或 40 年的生存所需

要的龐大的老年生存基金的儲備，其難度可想而知。

　　現在你也許有些明白了，對於進入 50 歲以後的這個族群來說，如果在你退休前就可以確定你沒有任何退休金以外的收入來源的話，那麼，你必須在這個階段結束之前，準備好後半生的大部分費用，因為你退出職場之後就沒有穩定的高收入了。因而，50' 後期的財務策略是防守，保有、看好那些已經在你名下的一生的勝利成果，準備著陸，準備返航，準備過冬 ── 當然，這樣的保守策略一點也不妨礙你退休一陣子之後繼續尋找新財源。

　　就普通 50 幾歲的職場人士來說，如果從 20 多歲開始累積財富，按照正常的消費水準維持生活，那麼到了此時期，大部分人都已經擁有了自有住房和不太少的存款，收入高、境況好的人甚至還擁有了第二、第三間房產作為投資，或者有一些有價證券。通常來說，50 歲以後的人被提醒要更加妥善地防範風險，年輕時的激進式投資開始減少比例，逐步增加保險和其他低風險投資；即使是投資自家生意，也會保留足夠的生活所需，而不會把大部分資金做孤注一擲。

　　50 歲以後的人身體和精力更加明顯地出現衰老和退化跡象，越來越多小毛病演進成了疾病，健康管理和同樣是上有老下有小的「夾心族」的壓力管理更顯重要，身心調節和運動保健必不可少。通常，50 歲以後不管是職場人士還是自主經營企業者都會更加穩妥；在排除保守、固執、恐懼衰老、壓力等等負面因素之後，也有許多人會在這個寶貴的時期再創輝煌，爭取到最後一筐階段性的勝利果實，之後安全退休。

　　還有許多人則盼望著提前退休。這通常是那些在固定的工時上下班，缺乏彈性和工作樂趣的職員，或者是工作辛苦、職場發展不順的人。在職

場辛苦打拚一輩子，該還的貸款還完了，子女養大成人經濟獨立了，人生的使命基本上都完成了，就剩下騰出時間輕鬆一些，或者做這輩子一直想做的事情，他們渴望悠閒地度過自己的晚年時光。如果這人對退休後的生活要求不是那麼高的話，在他們評估了自己退休後的收入和生活水準之後，覺得退休後的漫長時期生活不成問題的話，會毅然地提前幾年離開職場。

所以，財務跟健康的沒有後顧之憂的人士會比較輕鬆地看待人生職場這最後幾年。而尚有負擔的那部分 50' 後，則不能那麼輕鬆隨意，他們由於家庭、健康和子女的種種原因造成財務方面的壓力，仍然需要全心全意地打拚，需要這份薪水來完成最後的還貸、奉養和累積足夠的金錢作為沒有多少收入的退休後的長期生活費用。他們中的一些甚至不能及時退休，甚至需要在退休年齡過了以後，還要多做幾年以賺取足夠的維持生存的費用。近幾年，越來越多的國家開始宣布推遲退休年齡。在超前消費觀念和享樂價值觀的影響下，也有越來越多的人臨到退休的時候尚未準備好退休後的財務，他們微薄的積蓄不能夠應付未來 20 ～ 30 年漫長的退養期，任何疾病和意外都會成為他們生活中的重大財務打擊。同時，長達 20 ～ 30 年以上的生活費在越來越高的通貨膨脹壓力下，將變成一個大問題。如何提前並且有效地規劃自己退休以後的生活，做到老有所養，是每個人必須為自己提前考慮的。

所以，你一定要儘早考慮自己的退休生活，不要等到只有幾年的光景才突然發覺退休金無著落。這也就是為什麼我們說，任何一項足以改變或者維持你生活狀態的事情的規劃要提前 10 年準備的原因，因為沒有長期的累積，你根本沒有辦法一下子解決今後 20、30 年的生活問題 —— 除非中大獎。根據目前理財顧問的建議，人們最好在 35 歲的時候就開始進行

退休規劃，因為假如你用 30 年的時間讓一筆投資款自己滾動的話，其效果大大優於你在 50 歲的時候用 10 到 15 年的滾動累積 —— 因為複利的關係。

　　所以，當你邁入 50' 後的門檻，就要調整自己的人生策略和規劃，從激進退一步到稍微保守，繼續收割你的財富，清點並清償你的債務，進行保本投資，盤點評估你的養老基金是否足夠，檢視你的保險是否需要補充；同時，需要思考一旦自己結束日常工作，你需要用什麼填補每天空閒出來的大片時間，你不但需要給自己準備好一個以策周全的財務方案，還要準備好一個快樂充實的精神方案，做到老有所養，老有所樂。有很多的退休者沒有做好這些準備，在錢財充裕富足的情況下，沒有一個健康飽滿的精神寄託，很快地陷入一個無所事事的、天天都是星期天的莫大空虛之中，甚至為所欲為不計後果，造成錢財盡失，重新陷入老年困頓。因而你需要思考得多一些，提前布局，調整心態，周密規劃，給自己一個身心安穩、財務充裕、健康健全的舒適人生。

　　請記住，現在你所選擇的，就是將來你所要面對的，你的生活方式決定你的生存狀態。

第三章
財富基礎：儘早累積你的致勝資本

一、每個人都可以成為百萬富翁

如果你已經接受過高等教育並努力工作，那麼你這一生想要晉級百萬富翁的行列並不難。只要研究一下幾個典型國家的薪資體系和大眾消費水準，再對照一下周圍人們的生存方式，你就會同意這個觀點。在目前的世界範圍內，在多數國家的社會形態和經濟模式下，人們賴以生存的社會體制雖然都非盡善盡美，但是，很多國家已經擁有了對大多數人來講基本上有保障的生存和致富的成熟、富有成效的社會體系。只要沿著普通大眾的模式走下去，不一定擁有特別的天資，但是你需要持久的努力，正常地生活和消費，那麼，從一生中所創造的財富價值的總量上來說，還是相當值得驕傲的。—— 也就是說你天生就可以是一個百萬富翁。你相信嗎？我們以以下 7 個國家和地區做一個簡單的說明，無論你出生在新加坡、香港、日本、中國，還是生活在英國、美國、澳洲，按照大學畢業後 25 歲開始就業、平均工作時間 30 年來計算（廣泛統計），這 7 個地方的社會新鮮人在初入社會的時候，其平均薪資依照當地貨幣計算，並且不包括獎金和其他職務補貼性收入，按照服務 30 年薪資漲幅是起步薪資的 1.5 倍這樣的非常保守的增幅計算，這 7 個地方的大學生在他的一生中所創造的收入是這樣的：

國家	大學畢業起薪（年）	假定 30 年未漲薪資的總收入	假定 30 年薪資成長 1.5 倍後的總收入
新加坡	36,000 新加坡元	1,080,000	162 萬
香港	318,000 港幣	9,540,000	1431 萬
日本	2,395,200 日圓	7185.6	1,07784 億
中國	36,000 人民幣	1,080,000	162 萬

國家	大學畢業起薪（年）	假定 30 年未漲薪資的總收入	假定 30 年薪資成長 1.5 倍後的總收入
英國	25,000 英鎊	750,000	112.5 萬
美國	51,000 美元	1,530,000	229.5 萬
澳洲	30,000 澳幣	900,000	135 萬

（資料來源於網路新聞報導）

　　這只是一個排除一切複雜因素的簡單粗略的統計 —— 甚至並沒有扣除生活費。這個簡單的統計說明，在現代社會的每個受過良好教育的受薪階級，除去各種額外的收入來源，從理論上說，如果不間斷工作 30 年的話，無論你生活在哪裡，在現代企業制度下的薪水結構是足以讓每個人在他的職業生涯裡成為百萬以上的受薪者。—— 事實上，即便是扣除了必要的生活和其他消費，目前的薪資體系大致上可以讓一個一生兢兢業業工作的人賺進 100 到 300 萬之間的收入，因為每年的 3%～ 5% 的加薪幅度和升遷、津貼、獎金等等算進去的話，一個人的 30 年後的薪資成長絕不僅止 1.5 倍。所以，即便你是一個普通工作者，你也是有可能在你的有生之年成為百萬富翁的。

　　問題就來了：雖然大家都有成為百萬富翁的可能，一樣辛苦工作和打拚，收入也說得過去，但是在支付了所需要的各種費用和開銷之後，有可能還是剩下不了多少錢。否則的話，為什麼還有許多人仍然不能老有所養，為什麼還有那麼多人仍然不能過上富足生活，原因何在？

　　這是個非常有意思的現象：即便同工同酬也不能同富。從現代職場人士的工作能力和薪資收入來說，合格的僱員均有潛力成為百萬富翁，這一點確定無疑，一些人甚至還遠超過這樣的收入水準；在另一方面，所有領取薪資的人都需要生活和養家，所賺取的收入並不是在存放銀行固定不動

的，維持生存需要每時每刻地花費和消耗這些錢。差異就在這裡產生了：由於每個人在不同生活方式下的消費方式的不同，造成同樣賺取等額薪酬的人，在年復一年、曠日持久的日常生活消費支出的不同水準下，一些人留在口袋中的錢多一點，而另一些人能夠留下來的錢不是那麼多。消費行為的差異導致同工同酬不能同富。這也是能否成為百萬富翁的一個分界點。

人今生賺的錢是不是足以滿足人生所求？誰可以成為百萬富翁？這是個難以回答的問題。它的困難在於，它不是難在計算房子的貸款、日常消費、娛樂和能否安享晚年的具體數字上，它難在人與人之間不同的價值觀和消費形態所造成的巨大差異上。一個人一輩子賺 500 萬花 300 萬，人們會說他富有；另一個人賺 1,000 萬花 2,000 萬，他的結果是負債或破產。人生一世草木一秋，每個人最終是否富裕，其實看的是他個人價值觀決定下的選擇，他選擇了怎樣度過一生，他就會有怎樣的人生。

財務的基礎建立在收、支兩個方面，如果按照收支兩條線的例行分析來看看人們日常生活中支出的幾個經常性必要專案，你就會明白普通消費和高消費兩種消費方式是如何分流人們的財富的：

(01) 日常伙食費：高低消費有差距，但不巨大，1 ～ 20 倍

(02) 水電瓦斯：高低消費無差距，1 ～ 5 倍

(03) 服裝和購物：高低消費有差距，十分巨大，1 ～ 1,000 倍

(04) 住房消費：高低消費有差距，1 ～ 100 倍

(05) 子女教育：高低消費有差距，1 ～ 20 倍之間

(06) 交際和娛樂：高低消費有差距，1 ～ 20 倍

(07) 旅遊：高低消費有差距，十分巨大，1 ～ 100 倍

(08) 醫療保健：高低消費有差距，比較大，無法估算

(09) 汽車消費：高低消費有差距，十分巨大，3～20 倍

假設和你同等收入的工作夥伴，他在住房、汽車、子女教育、旅遊和購物方面都追求個性化、高品味和高消費，而你一貫堅持普通大眾消費的話，雖然你們同工同酬，兩種不同的生活方式延續 20 年之後，他的消費額可能是你的 2～5 倍。相比來說，你省下來了相應額度的財富累積；如果他並沒有在投資和獲益方面大大超過你，那你一定在財富累積方面大大超過了他。

由此可見，賺一樣多錢的人由於有了不一樣的消費，使同一起跑點的人們在日積月累的長時間作用下，被分裂成兩個不一樣的陣營：一個可以留住財富，一個在擁抱財富的同時已經把它轉換成即時的享受了。這裡就出現了一個弔詭的結論：人人都可能是百萬富翁；但是無論你曾經有多少錢，千金散去還是一個窮光蛋 —— 有很多人注定成不了百萬富翁。

請注意，關於一輩子所能夠賺取的薪水只是一個粗略的估算。真正涉及財富人生的實質問題是：除去生活費用之外，人們通常還能剩下多少錢？而這個問題的答案與每個人不同的生活方式相關，同樣的錢財數目對於不同消費方式的人會有不同的感覺。歸根究柢，每個人的價值觀不同，財商不同，理財方式也不同，造成同等收入的人在同樣的時間段上有不同的財富價值累積。所以，財富不均等的現象是永遠的，即便是同樣造富能力，最終也會有不同的財富結果 —— 換句話來說，留住財富的能力不等同於創造財富的能力。留住財富的能力最終決定了你在社會中的財富等級。

二、多富才算富

如果在現代社會擁有百萬資產已經不算富裕的話，那你就會明白為什麼現代人的口號叫「追求卓越」。也就是說，在香港、新加坡、倫敦、紐約和首爾、上海、北京、東京這樣的大都市，一棟房產的價格動不動就是幾百萬甚至上千萬，一生的收入如果只有一百萬，這僅僅意味著維持一種較低的生存標準。所以，全世界沿用的富裕人士的財富標準是：除擁有一套自住房產之外，還須擁有 100 萬美金的金融資產，達到這樣標準的人可被歸為高淨值富裕人士。這也是目前許多國際私人銀行通用的篩選客戶的現行標準。更高的標準是一些銀行為高階客戶設立的 300 萬或 500 萬美金的開戶標準，針對更加小眾的超高階的高淨值客戶則必須以 2,500 萬美金才有資格成為私人銀行的會員。

這些標準僅僅適用於國際大都市。對於不同生活水準的國家和地區來說，判定富裕的標準也會根據當地情況而另行推定。比如，在幣值較低的馬來西亞和中國，擁有一套自住房產和 100 萬當地貨幣，就足夠過上不錯的生活；而在貨幣與美元掛鉤的香港，100 萬港幣雖然也不是個小數目，卻不足以保障在香港的基本生活。雖然究竟擁有多少錢才算富裕這個問題永遠不會有標準答案，綜合比較各個國家城市居民的薪資、消費情況再加上各地人們的共同追求之後，我們還是拿出一個相對的認同：具有一定生活品質水準的優渥人生，以目前通行的消費水準，還是需要 3 個 100 萬（美金）：大致上，人們需要 100 萬用於住房，100 萬用於生活維持，另外100 萬用於退休後 30 年的養老。富裕舒適的人生大概需要 300 萬做支撐。

300 萬，是個不大不小的數字。說它不大，是因為基本上一個受過良

好教育、兢兢業業工作 30 年的人，通常的薪水總收入在 200 萬至 400 萬之間；說它不小，是因為很多人首先在職場上沒有做到平均水準之上，同時在其他投資和創富方面也無作為。這 300 萬就像掛在枝頭的紅蘋果，你需要努力跳幾次或者藉助梯子才可以得到，但絕不是掛在天上的月亮，無論如何都摘不到。── 富足的生活不是天上掉下來的，它很考驗你人生的財富能力；但是如果你挖掘潛力，你能夠創造的價值遠遠不止這些。

三、奠定你的財富基礎

▨ 1. 財富從娃娃抓起

能夠遺傳的不只是基因、血型和樣貌，還有生活習慣和傳統、觀念。東方人節儉會儲蓄，西方人愛預支消費，這兩種差別由來已久。不同人種的文化和生活習慣會很自然地傳遞和影響到下一代。但是，人類的認知是不斷發展和調整的，自從 2008 金融危機之後，即便是超前消費的西方人，現在也已經開始注重儲蓄。

在東方，節儉自始至終被視為一種美德。華人的節儉意識和理財技能，不僅僅只反映在家庭生活中的代代相傳，也在華人社會中有著不同的反映，成為一種源遠流長的共同價值觀。例如，新加坡的華人家庭通常在過年的時候給孩子「壓歲紅包」，新加坡的銀行就設計出這樣的促銷，讓年滿 5 歲的孩童能夠在家長的同意下開設兒童儲蓄帳戶，讓小孩可以擁有自己的提款卡，從小灌輸儲蓄意識和財務管理能力；新加坡的孩子們早在出生的時候（0歲）就擁有了一個政府給予的「嬰兒津貼」，政府會資助和補貼一部分托兒和教育費用；家長們通常用這筆錢為孩子買一份保險，等到子女 18 歲的時候，

一筆數目不小的高等教育基金隨著孩子的長大也可以欣然出爐了。

相對於這種東方家長們從孩子 0 歲開始的財富累積，西方的家長們也花盡心思培養孩子的財富知覺。我們眾所周知的，西方孩子做家事換零用錢就是典型的例子。洗碗、剪草、掃雪、遛狗這些小事既可鍛鍊孩子的獨立能力，又讓他們知道了任何事物都必須付出相應的辛苦和代價才能獲得。雖然「以家事換零用錢」的娛樂和象徵意義大過獨立賺錢，但是，世界首富之一的 82 歲的巴菲特不就是從 5 歲就開始做送報員嗎？巴菲特從少年時候起不但養成了儲蓄的習慣，並且還成功地嘗試了投資理髮店裡的糖果機和股票。早早覺醒的金錢意識不能不說是巴菲特獨特的財富基因中的一條。

如果家長們把未成年的小孩子僅僅當成小孩子養，那麼，他們就會永遠都是「小孩子」；另一方面，如果家長將孩子自小看作是懂事的朋友，凡事深入淺出地言傳身教、以身作則，那麼，一些小孩自小就表現出早慧的特質。一位母親發現，她 5 歲的兒子居然懂得「媽媽的錢」和「自己的錢」的差別，在媽媽為他付款購買遊戲車代幣的時候，他會要求多坐幾次，而當媽媽訂立了每天 5 塊錢零用錢的方案之後，他每天只坐一次遊戲車而懂得將其餘的錢買一些糖果並且留一些放進存錢罐裡。所以，正確地開發、引導和教育孩子樹立正確的、健康的金錢觀，對於一個成長中的孩子確實受益匪淺。培養成良好消費習慣的孩童在成年之後，往往也更懂得正確和精確地使用金錢；比起入不敷出的孩子，一個具備金錢智慧，即所謂「財商」的孩子又何嘗不是家長們的一大安慰呢？關鍵在於，往往是因為家長沒有良好的財富習慣，造成沒有能力給予孩子們正確的引導；反過來說，孩子花錢大手大腳、揮霍無度的背後，往往有一個寵溺的、財商不高的、消費習慣不好的家長。從孩童時期教授一些儲蓄和管理錢財的好習慣，授之以「漁」，你將得到無盡的欣慰和回報。

2. 從第一份薪水開始儲蓄

如果說在孩童時期家長教會他們不亂花錢的話，那麼在他們成年以後從第一份薪水開始應該繼續發揚的，就是每月定期定額地拿出薪水的一部分，留做儲蓄。目前幾乎所有的銀行都有鼓勵薪資儲蓄的定時定額儲蓄專用帳戶，你只需要在第一次開立帳戶的時候簽訂撥款日期和金額，以後在發薪水之後的限定日期裡，儲蓄部分將自動轉入定期帳戶。作為一種小小的鼓勵，這種帳戶的利息稍微高那麼一點點，做為提醒式的懲罰，如果動用了這個帳戶裡的款項你將損失當月的利息。

一般來說，理財顧問建議年輕人儲蓄的額度是薪水的10%左右，那些資歷、薪水等級高的人有時可以儲蓄高達薪水的50%。養成儲蓄的好處不言而喻，積穀防饑、未雨綢繆是一種目的，養成正向現金流的好處卻可以使你受益終身。無論如何，表面瀟灑的「月光族」都是短視的，也是不負責任的，它會導致你在關鍵的時候後備無援。更不可取的是「超前消費」，除了房屋貸款、教育貸款等少數因金額龐大需要負債消費的專案之外，沒有太多的事件必須讓你背著利息負債消費的。淪為「卡奴」的多是一些不理智又不懂消費的人。學一點理財知識，做聰明的消費者，分清資產和負債，這些對健康美好的人生實在是太重要了。壞習慣和好習慣應該是涇渭分明的。杜絕月光和超前支出，是在為你自己負責任。

3. 複利

「錢滾錢，利生利」的規則和計算方式是因為有複利的存在。如果沒有複利的存在，這個生錢滾利的過程就不會那麼快了。複利是個神奇的概念，是個充滿魔力的財富膨脹手段。如果有一筆錢，並以足夠長的一段時間讓它繁殖的話，「滾」出來的數字可以十分超乎你的想像，可以大到無

窮。所以，一定時期的錢滾錢、息生息，可以讓你在某個階段存出一個有模有樣、心生欣喜的金額來。在一段時間的節儉和儲蓄之後，你可以讓這筆錢派上一個關鍵用處：結婚，買房，或者提升學位，出國旅遊等等。儲蓄之後的相對較大數目的收穫，會讓你有一種成就感和價值收穫。正是這種初始累積，恰恰是許多人日後揚帆啟程的財富第一站，因為只有你手中有了資本，你才有資格去進行資本的再生產 —— 投資。

4. 增益管道

綜上所述，當你從小就養成儲蓄的好習慣，從第一份薪水開始定期定額儲蓄，然後經過幾年時間享受複利，經過一段時間後，你的手中就握有一筆不太小的原始資本 —— 你數年的辛苦努力創造的這第一筆財富，它既可以為你解燃眉之急，比如支付新房的頭期款，也可以變成你的一棵「搖錢樹」—— 用這筆錢作為投資的資本金投入一個專案，讓錢繼續和加速地滾動起來，變成你的一個「錢生錢」的增益管道。

通常在你工作幾年之後，當你手中有了一筆小小的儲蓄，很多人最先嘗試的基礎性大眾投資管道是購買股票、基金和信託產品。這幾種大眾理財方式比較簡單和易於操作，流動性也非常好，如果遇到急需現金的時候容易變現。股票容易買但是賺錢並不容易，「10 個股民 8 個輸，一個平一個賺」，真正能從股票市場盈利並且留住盈利的比例歷來不高；但是它至少鍛鍊了你對於基礎性的投資產品的了解和操作，並在這個過程中讓你逐步累積有關金融和理財知識以及學習應用，還會磨練一下你的投資信心。這對於初涉投資領域的人是必要的也是有益的。

當你的資金累積逐漸增大的時候，你嘗試的增多和信心的增強會引導你步步追高，奔向更廣闊的投資領域，以獲得更大的投資收益。作為增益

投資收入的另一個普遍性嘗試是和你生活息息相關的房產投資。無論作為自住還是轉手、出租，很多人在 20 歲後期就會有嘗試的機會，至少成家時自己的住處是要列入計畫中的，什麼時候買房，怎樣買房，在結婚前這個問題就會不斷地、越來越多地進入到你的生活議題。選址、比較銀行之間的貸款條件、衡量付款能力等等，都很考驗你的判斷力、投資眼光以及激發你未來若干年的打拚動力。到目前為止，房產投資、創辦企業和股票投資依然是全世界富人致富的三項法寶。在很多國家房產都成為人們財富與投資的重頭戲，那是因為房子通常是生活的必需品和最大物件。除了企業主、專業財會人士和做專案投資的人，普通百姓一生需要處理的最大筆的金錢交易可能就是房產交易了。

當一個普通的人有過購置房產的成功經驗，並且嘗到過收穫的甜頭之後，他在投資方面會產生一個大的動力。那是因為，處理過一次真正的房產交易，你就熟悉和掌握了許多相關的法律、金融、政府政策、管理條例、稅務等方面的知識，這種能力的累積為你進一步進行大專案的投資奠定了必備的基礎。所以，有了基礎的投資者，或者稱為合格投資人所選定的投資管道，就會進一步開闊和有品質的提升。下一步你可能會進軍商業地產，你可能會想了解和接觸一下私募，你當然還可以躍躍欲試地探索投資工廠、倉儲和農業，很多人的投資「野心」就是這樣一步一步「練」大的。

綜上所述，人的投資行為很像迂迴的山路，九曲十八彎的盤旋過程是一種認知的不斷肯定和再確認，是一種螺旋式的上升。當你從山腳爬升到山腰的時候，你知道什麼叫做視野開闊，這個時候你產生的想法是登上山頂一覽眾山渺小。這是一個逐步成熟和追求的過程，卓越，也是慢慢的磨礪和提煉出來的。在這個過程中，「財富」其實是你卓越能力的一個衍生

物，一個有價標籤，一份人生努力的數位成績單。所有財富的彙集都來源於你曾經嘗試過的無數個大大小小的，為你帶來收益的投資管道。

▓ 5. 滾雪球

　　當你了解和拓寬了不同的投資管道和獲利方式的時候，其實是你在為自己挖掘維繫終生的「財富蓄水池」的一個過程。這個過程會涉及到你人生的不同年齡、不同階段和不同的視野、不同的經驗、不同的能力以及不同的投資報酬，當然也會有你對自己各個階段成長過程的不同總結，並輔之以不同的改進規劃。如果你自年輕的時候就不斷地、有意識地重複這些步驟，那麼，我相信你已經相當優秀，並對自己今後的人生瞭若指掌，對自己、對人生都充滿了信心。有時候成熟不可以僅僅以年齡來衡量區分，心理學裡有個概念叫心理年齡，有些人可能年齡很大了，但是由於缺乏人生歷練而心理幼稚，有些人價值觀有失偏頗，另有些人可以少年老成或者鶴髮童心。在財富累積這個方面，由於人們的心態、視野、勇氣、謀略、遠見和思維方式都不一樣，所經歷的、體驗的和所收穫的也會很不一樣，這也往往造成同一起跑點上一同起步的群體，在經歷了若干年財富奔跑之後，拉開巨大的距離，變成你手中的小雪球和人家面前的雪山一樣的懸殊，就像我們面對李嘉誠、蓋茲和巴菲特的差距。

　　但是無論如何，在你學習和了解了財富之道之後，「人生由命富貴在天」這句父輩人掛在嘴邊的，混雜著無奈和自我安慰的口頭禪，現在你就不會那麼深信無疑了。你知道事實上就像男女的智商差別其實不大一樣，聚集財富的能力也並不決定於文憑和智商，而是決定於實踐和個人操控能力。財富這東西不是那麼神祕莫測的，經過歷練之後你完全可以了解財富的方向和把握財富的管道，就像越來越多的人參加飛行俱樂部，練習和掌

握飛機駕駛一樣。你可以透過努力駕馭你的情緒、你的控制力和判斷力，你也可以磨練你的膽量、勇氣、你的冒險精神和風險承受能力，你可以逐步地提高你的的創富能力，愉快地擁抱財富並和財富一起和諧地翩翩起舞。

這方面你唯一需要做的就是堅持，堅持不斷地實踐、堅持不斷地總結，堅持不斷地跟隨趨勢和不斷地創新，堅持挖掘自身的潛力和持續地發掘財富，堅持嚴密地管理財富和用心地成長你的財富。你就像在北海道的大雪坡上玩雪的孩童一樣，捧起一團雪搓成一個小雪球，然後，投入地滾呀滾、滾呀滾，在一段時間之後，你將露出驚訝又開心的微笑 —— 人生的財富累積其實跟這個小孩的遊戲一模一樣，你只需要做一件有益終生的事：讓你的財富滾起來！

第四章
財富意識與財富習慣：
你是否背了個破洞的包？

一、財富意識

對待金錢和財富歷來有兩種截然相反的態度：愛之深和恨之切。「有錢能使鬼推磨」是一種金錢萬能的描述，而「金錢是萬惡之源」又把所有的罪惡都推到金錢頭上。這兩種說法都有失偏頗。在現代人的生活中，金錢這東西只是一種公認的社會符號，是人際往來中的一種衡量媒介，無論是紙幣還是古時的金幣、銀元，換言之，它只是一種經濟生活的度量衡。金錢是一種工具，就像殺傷力很強的武器一樣，本身沒有什麼好與壞，好壞定性取決於如何使用它。

無論你對金錢愛也好、恨也好，你可以拒絕使用紙幣、銅板銅板、信用卡，但是在目前的社會形態下你還是無法擺脫金錢的存在而生存。作為一種交易媒介，金錢在社會中衍生出了廣泛的定義和規則，它充斥於社會的方各個方面，於有形與無形之中滲透進生活的各個角落、遍布於人的思維和行為之中。可以預見，在相當長的時期裡，即使電子貨幣已經可以取代紙幣和銅板，你還是無法擺脫一串串數字左右你的生活。

對於金錢倫理認知方面，由於價值觀的不同而劃分出了不同群體。基本上在亞洲地區，儒家學說影響下的金錢觀更傾向於「君子愛財，取之有道」，講究公平、信譽的交易和原則性取捨。這種精神在現代社會依然被崇尚，它也符合現代社會的公平、公正的價值觀念。

雖然社會的大環境提倡的是公平和公正，但是個人所持有的金錢、財富觀念仍然因人而異。近些年出現的「財商」一詞，很好地表述了作為個體的人對於金錢和財富的情緒、智慧和取捨態度。智商的高低決定人的能力，財商的高低，則反映人對金錢和財富的看法和行為。

在現代社會裡人人都離不開錢，人人都要花錢，許多人還得努力工作賺錢，但是這並不意味著每天接觸金錢、賺取薪資、消費金錢的人都懂得財務管理知識，也不意味著「把錢投出去就是在做投資」，更不意味著天天跟錢打交道就了解金錢和財富的內涵。事實證明，群體中大量的人由於並不具備專業的理財知識，甚至是基礎的財務知識，來自學校的淺顯的書本知識的傳授，並沒有保證接受教育者能夠在其一生中無時無刻不在進行的消費行為中正確地使用他們辛苦賺來的金錢。據統計，金錢所造成的矛盾是人們生活中的首要矛盾，人們生活中80%的矛盾都和金錢有關。我們對於金錢的掌握和傳授遠遠不及對於科學技術的傳授、領悟和掌握，這可能是金錢備受爭議的性質讓人們對它退避三舍吧。我們缺乏一種正確的金錢教育，現有的金錢知識不足以應對社會生活，並且遠遠不能戰勝狂轟濫炸的廣告對人們的消費行為的誤導和產生的廣泛深刻的影響。

所以，在你20歲開始認真思考和規劃你的人生時，或者說從你獨立使用金錢開始的那一天，你最好就立刻開始學習了解一些關係到你未來貧窮或富有的關鍵的財務關鍵字：儲蓄和投資、資產和負債、槓桿和利率、現金流、回報率等等，搞清楚你的所思所想、所作所為都是導引你走向財富還是貧窮的決定性變因。

比如有關對「資產」的認識。很多人以為花錢買到名下的都是「資產」。但是，非常重要的是，資產實際上是那種能夠為你帶來收入回報的那種東西，比如你的存款和你的出租房；並不是你花費了金錢所換得的可以保留下來的物質形式都是資產，有些看起來像資產的東西不一定就是資產，比如用貸款買下的豪華汽車和遊艇，它們不僅僅沒有給你帶來收入，還在大量消耗你帳戶裡的現金。維持一輛豪華車的費用除了支付貸款利息之外，還包括保險、汽油和維修費用，一艘遊艇的維護費用通常在它的價

格的 10% 甚至更多；即使是只能夠載 15 人的中小型遊艇，一年的維護費用也都在 6 位數美金。所以，你要非常小心地辨明和篩選你購入的究竟是資產還是包裝成資產的負債。無疑，出租房會使你的現金流越來越多，而遊艇若非拿來出租，你的現金流則會越來越少。

在財富的起點上，辨識什麼是真正的富人也是非常重要的事情。長期以來，你耳濡目染在電影電視和時尚雜誌上的所謂富人的形象和行為，有太多是一種「非真實的視覺形象」：所謂的富人們被描繪和包裝成穿著亞曼尼、登喜路、凡賽斯、三宅一生上等服裝，拎著 LV、GUCCI 包袋、喝著軒尼詩、坐著遊艇、開著法拉利和藍寶堅尼，帶著陀飛輪名錶和渾身珠光寶氣的傲視群雄的傢伙；他們氣吞山河、揮金如土，大權在握又瀟灑風流，英俊美貌並深具影響力，他們渾身上下散發著一種蠱惑性的魅力。事實上，如果不是出席正式場合，許多董事長、總經理看起來跟你家鄰居一模一樣。一個億萬富豪看起來更像是一個慈愛的老爺爺，富婆們有許多都沒有亮麗容顏。虛張聲勢的「偽富人」敗壞了富人的群體形象，那是因為作家和寫手們大多不屬超級富裕階層，他們並不了解事實上多數真正富裕的人都忌諱炫富。富人們講究生活品質，喜歡低調地生活，也喜歡享受奮鬥來的勝利成果。沒錯，表面上看總是富人才能擁有名車、豪宅、私人遊艇和飛機，但現實中的富人穿著 T 恤、牛仔褲、開普通車的比比皆是。所謂「時尚形象」的「富人」只是一種娛樂效果，看看賈伯斯的黑色針織衫和牛仔褲，並不能顯示這位蘋果公司創始人的身價；巴菲特那件穿了 20 年的露著手肘的羊毛衣和一直開著的永遠最便宜的轎車也不能說明他的財富狀態。用心去辨識真正富有群體的行為特徵，不要被「裝富」、「炫富」的假象迷惑，對於認識財富、樹立正確的財富觀大有裨益。

二、財富漏斗

前已有述，一個十分讓人憤憤不平難以接受的現象是在財富的起跑點上同樣條件起步的人，在 10 年以後逐漸地被拉開了距離。在這場為期長達 30 年或更長的人生馬拉松競賽中，同樣的年齡、學歷、生活環境、成長背景和工作待遇、同時成長起來的這些人，在 10 到 30 年的時間裡，是什麼造成了人們之間巨大的財富鴻溝？答案是不同人在不同生活方式下的觀念和習慣，以及對待財富的不同態度和行為，這些讓他們在生活中表現得千差萬別。就財富的累積來說，經過 10 多年以後，對於那些歲月已逝、財富無痕的低財富值的個人或家庭來說，作為一個共性，他們往往有這樣那樣不恰當的財富習慣：

▨ 1. 月光

「月光族」已經是個大家都熟悉的專有名詞，指那些每個月將薪水吃光花淨的社會族群。應當說明的是，月光族不是少數人，而是相當多年輕人的生活狀況。

造成月光的原因主要有這麼幾個：

(01) 年輕人的薪資因為剛剛踏入社會而處於薪資結構的底層，本來就不高；

(02) 剛剛工作的人雖然薪水低，但是各個環節的活動一樣都不少，偏偏這個年齡段的年輕人更好奇、更有活力、更有消費欲望；

(03) 在現在的社會大環境下，年輕一代普遍地接受新的人生價值觀和消費觀念，不會像他們的父輩一樣節儉，要過盡興人生；

(04) 一定程度上，無論學校和家庭，並沒有教會他們如何很好地進行財務規劃和生活計畫，學校教育的缺失和父母管教的不足，都是這一代年輕人財商不足的原因；

(05) 作為近 2、30 年小家庭出現的一個結果，父母養育子女數的減少使家庭的支付能力越來越強，一些家長可以為子女提供優渥的生活條件，養成子女和父母更加注重生活品質而放鬆開銷控制，結果很多高中生、大學畢業生的消費遠超過他們進入職場後的月薪，自然入不敷出；

(06) 越來越嚴重的通貨膨脹和越來越新、越來越吸引人的新技術、新產品的發展，和人們越來越膨脹的消費欲望的綜合作用下，越來越精彩的現代生活，讓欲望越來越多的人們消費也越來越高，錢，就總是不夠用。

　　無論是什麼原因造成的月光，它都是人們財富累積的大敵，是財富人生必須除去的一大惡習。道理非常簡單，如果月光就永遠留不下任何積蓄，把薪水全部貢獻給商家和五彩繽紛的生活，雖然助長了社會經濟，快活了當時的自己，但是生活源遠流長，人生不是一時而是一世，它不僅僅是某一個時期的夜夜笙歌，生命的歷程不可能永遠豔陽高照，總有那麼一天會出現一些新的狀況和發生預想不到的事件，讓沒有積蓄的人措手不及。一些在一段時期快樂的人，卻失去了許多可以持續快樂的機會。「人還在，錢沒了」，不知所措和茫然無助的人生，注定和幸福無緣。沒有計畫和不知節制的人生會留下包袱和遺憾，人在錢在，笑到最後才是贏家。

▓ 2. 超前消費和負債消費

　　如果說月光有個人主觀原因的話，那麼負債消費往往是商家和銀行在苦果上包裹的一層糖衣，用一種新潮、時尚的觀念讓你掉入財務陷阱。稍

微用腦子想一想就會發現，除了購置房產和不多的幾樣「大物件」是必須負債的以外，所謂的分期付款、超前消費帶給你的往往是一種過度消費和無計畫、非理性消費。在你剛剛進入職場還沒有很多存款的時候，商家才會答應你「負債消費」；如果你連一臺 1,200 美金的蘋果電腦和 3,800 美金的松下超薄電視機都買不起的話，那麼，你還處在暫時沒有能力消費這種等級的商品的階段。你大可多等幾個月再買這些東西，根本沒有必要為了提前一年半載享受的時間去簽一個合約把自己先抵押預支出去，也沒有必要在你進入職場的第一年，就為了追求一種酷炫的生活方式趕緊貸款買車。這些超前消費的分期付款和 10 年的車貸在你工作遇到問題和收入下降的時候將變成一個定時炸彈。我們不是說不能負債消費，只是強調這種負債只有在必要的情況下才值得去做。比如你的第一個房產肯定需要「借船過河」使用一下財務槓桿，而購買日常消費品負債就不太值得。所有的背負卡債的「卡奴」都是不經過大腦思考的非理性消費者：每個月還最低金額，然後利滾利地歸還銀行高達 15% 的循環利息，是誰讓他變成窮人的呢？

3. 無計畫隨意花

錢是你自己的，當然是你想怎樣花就怎樣花了。只是花錢有計畫和沒計畫帶來的差別也非常之大。金錢是有時間性的，金錢是可以生長的；你把它當成消費品和把它當成種子是兩個不一樣的概念，就像母雞用來下蛋和用來煮雞湯是兩個不同的概念一樣。預算能夠讓你清楚地知道錢該怎樣用，哪些錢該排在第一位，哪些支出可以暫時緩一緩，哪些錢根本是可花可不花的。計畫能夠讓你理性地管理你的需求，合理地控制和消費你的錢財，更重要的是，還能讓你的錢財在計畫下帶來更大收益或者發揮更大效

用。很多人頭腦一熱買下的時裝、汽車、電子消費品等，正是他日後懊悔的地方和賠錢的所在。隨意支出的小額度，在日積月累的過程中，不斷地消耗著你原本應該存留下來的財富。當別人的存摺上增加幾個零的時候，很多人只是儲藏室裡多出一堆放不下的，留著無用棄之可惜的擺設、旅遊紀念品、不穿的衣服和一堆再也不用的運動器材和過時的電子產品。

三、財富習慣

　　好習慣是通往成功的最佳捷徑。養成好的財富習慣，你就成功了一半：雖然並不意味著你可以大富大貴，至少你不會跟財富背道而馳。

　　一般來說，如果你可以在每個月抽出一點時間，或者經常不經意地想一想有關自己財富累積的小問題的話，它並不需要占用你太多的精力和花費太多的心思，你的財富意識就會有一個穩步的顯著的提升。結合你對自己的財富要求和培養的財富好習慣，只要認真持久地堅持下來，讓累積和擁有財富這件事成為你生活中一個自然而然的慣例，成為一個固有的體系，成為一種條件反射，那麼，當這一切形成之後，你甚至不需要花費多餘的精力，就會行走在一條平穩、通暢的財富之路上了 —— 當然，這之前你需要花費 3～6 個月的時間，記錄你的消費習慣和分析追蹤你的錢財流向，總結和發現你的財務漏洞，改進和完善你的消費原則，以及摸索出最適合你自己的財富累積辦法。一般而言，大多數人在 6 個月到一年的時間裡都可以輕鬆地建立適合自己的財富累積體系，已經養成壞習慣的人則需要更長的時間來規範自己的行為。

▨ 1. 記錄和分析消費行為

　　記帳不僅僅只是財會人員才應該有的財務技能，簡單的記帳誰都應該會。無論你是受薪階級或者根本就是家庭主婦，在你年輕的時候，當你開始有收入和消費的時候，你就要開始練習記帳了 —— 如果你直到今天還不會記帳那就趕緊去學。通常在你工作一定時間之後，你會產生一些與錢財有關的想法，並且要了解自己究竟需要花多大功夫才能達成某個生活目標，對自己的賺錢能力、實現目標的時間要做出一個大致的判斷，這個時候你就有了深切和精確地了解、掌握自己的財務的一種願望，像記帳這類平日可做可不做的事情在此時才會產生正面的推進意義，從而使你能夠將此類簡單、重複的事情做得津津有味和充滿遐想 —— 因為這些來來往往的數字裡飽含著你的辛苦和克制，寄託著你的希望和夢想，連接著你未來金光閃閃的幸福，它又怎麼會枯燥和繁瑣？

　　記帳其實非常非常簡單容易。你只需要隨身攜帶一個小本子 —— 什麼樣的都可以 —— 在每次花錢的時候立刻記下消費的項目和數目即可。就這麼簡單的事情很多人都做不到，那是因為他們認為這種事情簡單到不必去做，或者他們認為只要記在腦子裡到時候寫在本子上就行了，遺憾的是到時候他們總是忘得零零落落了。如果你實在無法在消費的時候立刻記下來，另一個常用的辦法是保留單據和清理錢包。比如每天早上（兩三天也行）出門前清點錢包，儲存所有的消費單據，回家以後做概略統計。如果好幾天才整理統計一次，可能會出現一些小開銷的遺漏，想不起來的開銷項目就不能精確入帳了；那麼到最後，再每月仔細地核對你的信用卡帳單和銀行對帳單，經過分類總結，再加上那些不是用信用卡結帳的消費項目，基本上可以記錄和找出八九不離十的開銷，這樣，你就可以很容易地分析你的消費模式和錢財流向了。

需要說明的是，如果你可以像財會人員那樣嚴格記錄一家的花銷當然好！但是，正如我們大家知道的，即便是本身專業從事財會的人也未必會非常嚴格地管理家中財務，因為沒有那個必要。之所以提倡記帳這個步驟，只是在一段時間裡透過你的消費資料總結出你的消費習慣，要你自己了解每個月的錢都花到哪裡去了，只有你了解這一點，你才能找到哪些專案應該加強，哪些專案應該減少，哪些消費根本就是一種耗財的惡習，應當革除。除此之外，每個月核對銀行帳單是一種好的習慣，它還可以幫助你發現帳單上的錯誤。所以，了解你自己的收入和支出而不必把自己陷進繁瑣的無趣，就行了。

小小的記帳，能反映出你人生的大問題。記住，耐心記一段時間，找到你的財務重心，刪除壞的財富習慣，發揚好的財富習慣。找出你生活的必要性支出，你的調節性支出，你的可以削減的支出和你可以革除的支出。作出這些分析和調整之後，你就有目的地合理地繼續你的適度消費好了。記帳是在分析你自己、引導你自己，培養你自己的財富方向。養成這個習慣之後，你記不記帳方向都不會錯。這種無人可以替代的自身財務分析你最好在工作的前 3 年就完成。

2. 花錢之前想一想

接下來，你要養成的習慣是編列預算。每次發薪水之後，或者花錢之前，要大致有一個設想，為將要發生的支出進行把關。

增加的這個編列預算的程序對你的消費支出有著很好的理性控制作用。一般來說，買一枝鉛筆和兩個冰淇淋這種小事你不需要編預算，預算通常會是比較大的項目支出，具體花多少錢需要進行預算編列這因人而異。有些人花幾百塊會編預算，有些人只有在買大件物品時才會進行預算

編列。這個沒有一個具體的標準。

關鍵在於你必需根據收入來考量你的支出，以及掌握支出時你的錢財流出的節奏──方向性的控制比金額控制更重要。預算和目標通常是連繫在一起的。和記帳不同的是，編列預算常常可以為人帶來小小的欣喜，因為當你認真地規劃你的下一次重要和必要的花銷的時候，無論是買一個新的筆記型電腦，還是全家的一次海外度假，更不用說支付房產頭期款或為孩子準備的一筆私立學校學費，這裡面都包含著夢想和嚮往，你會情不自禁地為之感動。所以，很多人都喜歡編預算，而把編列預算實踐到存錢上的時候，有許多人就悄悄開溜了。編預算最後變成了一張空頭支票。

▨ 3. 節流

在你認真地做過針對自己的收入和支出的總結分析之後，立即地，不需要任何財務顧問，你就能夠挑出幾項有關自己在收入和支出方面的問題。許多需要立即改進的方向能否改進，主要看你是否產生了改進的意識，是否真的想擁有一個健康的財務狀況和安然的未來。如果你看重自己的未來和家庭幸福，你就會願意改進和嘗試行動。

仔細地審查你每個月的支出，判斷你的日常消費支出項目哪些是必需的，哪些是可有可無的，哪些是根本不需要支出的。經過判斷之後，幾乎每個人都可以從自己的消費清單裡劃掉幾項可有可無的消費項目，比如，女士們逛街隨手買回的卻從不穿的衣物，大特價時促銷的整套的鍋具，朋友推薦的保健品等等。你也可以發現一些簡直不能相信的、不能容忍的壞毛病──買下的美容療程來不及享用已經過期了，儲值的金額也隨風而逝；跟風買的跑步機買回來之後就不再跑步了，諸如此類的事情。進一步分析，你還可以發現一些消費項目是有鬆有緊可以調整的：比如，每週和

女朋友去看電影，不是每次都需要一整套的可樂和爆米花；已經擁有幾個名牌包包之後再多幾個其實也沒有增加多少快感。每週的那包香菸、每天的那杯星巴克、每週上酒吧的錢如果戒掉的話，好像可以省下幾千塊呢。如果就這麼不經意地每天這裡花點那裡花點的話，那麼 30 年下來的零用錢，……哇！原來可以買輛小客車！

　　讓我們看看一些可有可無的小開銷是怎樣漏財的：

支出項目（新加坡價格 新幣）	每年消費	30 年支出總和
電影：每週 1 次 2 人電影票、可樂爆米花共 25 元	25×54=1,350	40,500
香菸：每週 1 包，8 元	8×54=432	12,960
咖啡：每工作日 1 杯星巴克，5.5 元	5.5×22×12=121	43,560
酒吧：每週 1 次，啤酒或紅酒 50 元	50×54=2,700	81,000
彩券：每週買 2 次，每次一張 2 元	4×54=216	6,480
女士服飾化妝品：平均每月 150 元	150×12=1,800	54,000
男士高爾夫球：每月 2 次 150 元	300×12=3,600	108,000

　　以上這些例子都是很日常的小消費，當然其中一些也許恰好是你的興趣所在、樂趣所在，比如女孩們買衣服和化妝品、男士們的運動開銷等。在這裡，並不是要勸告你戒除你的樂趣去一味地存錢，而只是舉一個小例子，旨在說明錢這種東西就是這樣地在不知不覺中，東一塊西一塊地源遠流長地流走了。如果你的口袋比較厚實，錢的確可以給你帶來多種樂趣，無論做什麼，只要可以支付得起，花錢確實可以使你更舒適、更快樂；只是如果剛好因為有更重要的事情需要籌措支付又沒有多餘的錢的話，檢討一下生活方式和消費的各方面，你總是可以找出幾個可以削減的項目，成功地「擠」出一些錢。

比如，你同時抽菸、泡酒吧和買樂透的話，這些小嗜好在 30 年裡幫你消耗了 100,440 新幣的財富。如果把這筆錢用在正經用途的話，它大概可以用作：

(01) 付你孩子的大學學費；

(02) 買一輛經濟型家用汽車；

(03) 支付一個價值 50 萬的投資房產的頭期款；

(04) 享受一次長達 1 年半的品質不錯的環球旅行；

(05) 做一次相當動人的慈善捐助。

你的任何一個小小的，可有可無的小開銷，在 30 年裡都可以膨脹得讓你難以想像。你的這些花費，在折合成一樣你夢寐以求的物件的價格的時候，許多人會目瞪口呆、尖叫失聲。找出自己的某個經常性的或可有可無的消費計算一下吧，這一招非常靈驗，且可以十分有效地幫助你清醒認識節流的重要性。一位來諮商的顧客就是透過這個計算減除了 20 年革除不了的對時裝的依賴：她從 18 歲之後的 25 年裡，用於購買服裝的錢等同於一間她一直想要的公寓！另一位女士對鞋子有著無比的狂熱，她的鞋櫃裡有 300 雙各式各樣的義大利皮鞋，僅鞋子一項就占據她 6 萬塊；還有一位女性擁有整整一個房間的名牌包包，200 個包包以每個 2,000 美金的平均價格計算，她的寶貝耗去她 40 萬美金。

這個世界上不僅女人頭腦愛發熱，男人也一樣。辦公室的司機每月薪水 2,500 元，每週一包香菸 7 元，30 年香菸花掉他 11,340 新幣；助理提姆喜歡星巴克咖啡，每天午休的時候下樓買一杯提神，一小杯星巴克咖啡 5.5 新幣，每週 27.5 新幣的開銷他認為對他 2,300 塊新幣的薪水來說是小菜一碟，完全能夠承擔；如果他始終把這個小小的對自己工作的「犒賞」

堅持下去的話，那麼，他在辦公室的一生僅咖啡這一項的總開銷是 44,550 新幣。彼特是一間公司的董事，他熱衷於收集手錶，到現在為止已經收集了各種手錶共 65 隻，他說除了支付房貸和生活費，這就是他一輩子的所有；朋友西蒙喜歡洋酒和美食，他說除了現在住的國宅外，這輩子沒有留下什麼資產，因為，他把全部的高薪不斷地用於出國和品嘗美食、美酒，至於養老他說他還沒想過。

　　這些隨手拈來的例子都是我們周圍不同的人的生活組成。也可以這樣說，生活中形形色色的消費，正是人們生活中最願意享受的樂趣組成。我們不是在建議人們為了存錢而做苦行僧，只是以活生生的例子教會你一種鑑別消費行為的方法。也就是說，你生活中的愛好和欲望都是有代價、有成本的。當你的財富足夠讓你行使你的這些愛好的時候，享受你的歡樂人生完全沒有問題；但是，當你有更需要的用途的時候，你日常的行為開銷裡就隱藏著這樣那樣大大小小的漏洞；如果必要，你只需要調整或者戒除一些開銷，就可以幫助你扭轉現金流的方向。有那麼一句話叫「省錢就是賺錢」；有時候，開闢副業，把自己弄得精疲力盡不見得比稍微地調整一下支出更有效。如果你還沒有達到隨心所欲不計成本地享受生活的消費水準，如果你還正處在建立自己終身財務保障的階段，那麼，節流可以幫你一個大忙。

▨ 4. 開源

　　如果你背了一個破洞的包去買米，回到家時，你的米已經漏掉了好多好多。壞的財富習慣就像背了一個破包行進在你的財富人生途中。你的錢就這麼不知不覺地在你的愛好、習慣、憧憬和逍遙中一點一滴地消失。每個人每個月都會有那麼一份不多也不少的薪資，每個會賺錢的人可不一定都能把錢留下來。生活在現在這個時代，各個國家的人講的一句共同語言

是「錢不夠用」。我也這麼認為，在多數情況下僅僅有一份普通薪資是不足夠的。

如果「錢不夠用」變成一種共識的話，沿襲 60 年前祖父那代人「一天省把米，三年一頭牛」的財富策略顯然是不濟的，現在的生活跟從前大不一樣了，用省米的方式三輩子也住不上屬於自己的房子。生活在今天的人們基本上都是衣食無虞的，也很少人生活在炮火連天、民不聊生的社會，大多數可以安定過活的人面臨的都是無形的關於生存品質的壓力：社會環境、空氣汙染、食品安全、生活待遇、薪水等級、社會階層、消費方式和自由度等等；人們更多考慮的是不得不給孩子存下更高的教育費以便進名校，想居住得更舒服就不得不支付龐大的房屋貸款，十分渴望帶著家人每年都能出國放鬆一下，也非常渴望像周圍的人一樣享受一些世界名牌……現代社會大家提倡的是公平競爭、能賺會花，人們更加注重自我發展和價值的實現，僅僅依靠刻意節儉是無法在現代社會致富的，即便是革除了對星巴克的偏愛也依然不能。

節儉，不鋪張浪費，是人們由來已久的傳統美德；節省開支，不做沒必要的開銷也是明智之舉，這些是你財務計劃中重要的防守策略。除此之外，更為積極有效的和更為重要的是，你還需要建設性地改善你的收入來源，積極應對你生存的時代所面臨的現代社會不可避免的物價上漲、通貨膨脹、需求擴張、自我提升、醫療照顧、住房教育和其他種種問題，這是你生活在今天應對生存的最有效的辦法 —— 開源：即加大現金流流入的速度，增加你蓄水池的容量，以應付日益成長的各方面的開支。

說起開源，人們立即會想到過去 30 年人們最常選擇的副業。很多人採用這種看起來長遠而周全的增進收入的方式作為自己的致富策略。在相當長的一個階段裡，從事第二職業所帶來的收入很好地補貼了家用、改善

了生活條件，是那個時代一種行之有效的發家致富的手段。時過境遷，以當前社會效率大大提高和管理制度更加嚴密的今天來說，如果一個人有第二份工作收入當然是好事，但是，我們並不建議你在正規職業外再身兼二職。根據研究，短期的副業可以帶來不同的視野和另一份收入；但是根據人體的承受情況，很少有人既可以完成本職工作，又可以輕鬆地進行第二職業。即便是難度不大的副業，日積月累地進行下去，體力上也往往無法承受。況且，現在的企業也往往以職業忠誠為由而禁止員工從事其他職業。所以，兼職賺外快不是長久之計。

我們所提倡的開源更側重於用你的資源、實力、資本和智慧為自己建立起財富的第二通道。也就是說，在你積蓄了第一桶金之後，當你有了資本，你可以用一些心思、花一些時間研究一下適合你個人發展和財富增值的管道，開始你自己的財富之路，讓你小小的雪球滾起來。

或許你已經有所認識和有所接觸。作為大眾理財工具的各種金融和其他投資產品五花八門，比如股票、基金、債券、單位信託、保險、外匯、期貨、商品以及投資房地產，創立企業和創辦公司，這些存在於你周圍的事物不是從自己家裡人那裡聽到、學到，就是從朋友們那裡看到、見到。對於你自己來說，或早或晚，你會決定選擇其中之一之二一試身手。這些管道和工具，沒有什麼好與不好，只有合適不合適；你能否能熟練操作其中的一項或幾項更重要，而操作成功的標誌是，這些管道和工具是否使你穩健獲利、成長你原有的財富數字。一般地，初入社會的前 10 年，你會非常有興趣地嘗試這些工具中的幾種，從中找出你的興趣點並加以研究、實戰，透過幾年的經驗累積，往往能夠熟練地買賣基金、股票或者是跟幾個信託產品、隨著朋友做幾單小買賣；這些，就都屬於你開闢的財源，涓涓細流源源不斷地湧入你的蓄水池，使你的實力不斷地變得強大。

▓ 5. 延遲消費

　　這是一個很有效的節制花費的方法，它可以很好地管理你自己的需求和手中的現金，並且基本不會太過壓抑享受情緒。延遲消費不是不消費，只是暫時推遲消費的時間，在價格比較接近自己的消費能力的時候再進場。延遲消費是絕大多數人能夠做到並且願意接受的。

　　依照價格規律，新產品總是昂貴的，在產品問世一段時間之後，隨著市場的逐步飽和，產品的價格會相應地逐漸下調。追新一族往往是時尚的、嘗鮮的或者耐不住性子的消費者，他們為「最早拿到」新產品往往願意付出較高的代價；理性消費者往往在第一批試水者之後進場，他們以優惠的價格享受同樣的產品；大眾消費是在全社會都風行之後普及型的消費，價格自然也是大眾能夠接受得了的。注重實惠的消費者基本上都可以很好地控制自己的消費欲望和需求，在產品普及之後才開始消費；而時尚的消費者追求的就是人無我有、領先一步，並不計較高出的那截價格。人人都可能是某方面的產品的領先使用者，也可以是某類產品的延遲使用者。比如一些女人對時裝和包包的酷愛，和一些男人對汽車和電子產品的酷愛，他們不僅可以接受高價格，而且還推崇限量版和特別預訂；相反地，對於價格敏感者，他們寧可選擇等多一些時間，讓新產品流行過了之後，享受打折的樂趣。

　　所以，人們的消費心態決定了他們口袋中錢財流出的速度。富人們可以消費得起價格高的物品，但也不是富人就喜歡、就願意消費價格高的產品。漏夜排隊購買蘋果新產品的是粉絲、發燒友，在半年後以折扣價格購買同款產品的不乏錢包鼓鼓的富裕人士。對於商場裡琳瑯滿目的商品，很多人選擇「等等看」再行購買，價格和最後確認喜歡都是很重要的。所

以，適當地延遲幾個月才進場消費，是很多人都喜歡做的事。無論是時裝還是電子產品，晚個一年半載對人的影響不會很大，如果能夠節約下來幾成資金，當然一舉兩得。

當延遲消費運用於電子通訊產品、大眾流行產品的時候，可以輕易節省幾折的價錢；當延遲消費運用於像汽車、珠寶名錶、上等名牌服飾和房產這些重大支出項目的時候，對於不那麼富裕的年輕人來說，有一個在消費方面的機會成本選擇：是現時進行高消費還是集中優勢進行投資以便取得更大回報？因為對於不那麼富裕的年輕人來說，財富的爬升需要相對較大的資金和幾年的投資時間。一旦你將主要的積蓄用於不能帶來回報的消費的時候，除了心理愉悅和提升自信以外，它並沒有為你未來的人生帶來更多的其他的建樹；假如你可以暫時忍耐幾年先不進行那麼多高消費的話，你用這筆可貴的資本投資的利得，會創造出讓你擁有財務保障的人生，之後再進行任何形態的消費對你都不成什麼問題了。

6. 清償債務

生活在現在的人沒有沒貸過款的，沒有借與還，連信用都無法建立了。借貸行為變得越來越頻繁，越來越早地發生，成為一種常態侵入了我們的生活。一個人一輩子沒有使用過貸款是難以想像的，從助學貸款到車貸、房貸，貸款幾乎成了人們相伴終身的朋友，一些人甚至還需要小額貸款以助不時之需。

如果說借貸在現代社會無法避免的話，那麼，早一些清償債務是你必需了解和及時處理的。天上不會掉餡餅，世間沒有免費的午餐，借貸是需要付利息的，並且有些成本還很重。「借船過河」利用銀行的貸款來完成一項大的必需的事項或投資是積極的，但是貸款會始終給你壓力，並且越

滾越多的利息會蠶食你的財富。所以一旦你的經濟狀況有所改善，就盡快安排歸還貸款，哪怕一部分也好，能還多少還多少，分期分批越早結束貸款越好，注意不要使自己深陷債務陷阱。一些人認為，低利率時代，能多借、晚還是最好的，可以拿手中的錢去消費或者投資，想法是很美妙，只是要留意一下你的借貸成本和借貸投資的風險；如果你的確是一個投資高手，借貸投資當然是一種方式，可能問題不大；如果你並不精通投資，沒有多大把握，普通人寧可先減債減息，寧可換得無債一身輕，也不要投機不著又蝕了本 —— 有成本的「本」會讓你雪上加霜。事實證明，投資的風險因人因項目而異，只有極少數的人能夠成功地運用負債盈利法。

四、財富的方向

你已經了解了不少關於財富的內涵了。擁有一份工作、一份收入，經過幾年的累積，有了一筆不大也不小的資金，還嘗試了用這第一桶金來投資一些金融產品，透過記帳、分析每個月的帳單，你清楚地知道自己的收入和支出狀況，也了解哪裡是你的消費盲點和應該及時糾正的財富惡習。在用心地研究和分析自己的長處和需求之後，經過嘗試你已經為自己找到了適合自己的財富累積計畫方式；值得慶幸的是，這並沒有影響到你的本職工作。在你的財富帳戶裡面，你的資本同你一樣，不，比你更努力地在工作中成長著，在你睡覺的時候它們也不停地生長，你和你的資本都在為你的財富成長忙碌著。

雖然是你家庭的財務，你也是需要遵循「收支兩條線」的方式進行處理和規劃預算的。如果你分不清收支關係，沒有全局觀念，收到的錢馬上

就填支出的洞，那你的財務永遠是混亂的，到最後你都搞不清到底賺了多少、花了多少。所有的玄機就在這一進一出之間，在於控制金錢的速度和方向。如果你可以駕馭你的金錢像騎馬一樣，收是向左走，支是往右行；目標的方向永遠是正向的，不能朝向負的那一極，錢進來的速度永遠大於花錢速度，或者是調整花錢的速度慢於賺錢的速度，如果你能領會這樣的看不見的有關金錢的速度和執行法則，那麼，你就找對了你的財富方向。

如果你在工作的 5 到 8 年後可以達到這樣的程度，恭喜！你做得相當不錯。如果沒有做到，也沒關係，這就是你需要努力的財富方向。如果你能夠在你的第二個 10 年裡做到也不算遲，第三個 10 年實現也是非常值得的。重要的是，你必須明白哪一邊是你堅持的正確財富方向，你必須永遠地擁有正向的現金流，即便是因為偶爾發生重大的事件或遭遇轉折，你都必須盡快地返回到正向的財富方向來，不能負得太久，陷入財務泥沼太久了你就爬不出來了。你要明白的是，搶救貧窮大作戰比改掉一些小毛病難度要大得多。

五、留住你的錢

金錢是個精靈。「銅錢無腳走四方」，金錢既是隨著人們的交易四處流動的，金錢也是有性靈和長腳的，它會快速投入你的懷抱，也會悄悄地從你的口袋開溜。如果所有能夠賺錢的人都能夠留住金錢，這個世界就非常簡單了，賺了錢的就都晉升為富人，從此過著幸福生活。事實上不是這個樣子。錢來錢往自有它的道理，賺錢很辛苦，留錢不容易，只有深刻認識和了解金錢的人才能夠長遠留住金錢。面對金錢，有錢有有錢的煩惱，

沒錢有沒錢的煩惱；沒錢的時候想有錢，有錢的時候問題更多。一輩子過著簡單簡樸的日子容易，有錢之後再打回貧困簡樸可能就不大容易過得去了。

有錢之後的煩惱在連續劇、豪門恩怨裡表現得淋漓盡致。金錢導致的猜疑、爭奪、謀殺、陷阱、親情淡漠、婚變和孤獨、隔離比比皆是，以至於很多人痛恨金錢，談錢色變。但是人們又無法脫離金錢而生活，離開了金錢，許多事情還是事事難為萬萬不能。但無論怎麼說，金錢在社會和生活中所造成的正面的作用還是遠遠大於負面作用的。

無論如何，人們還是希望能夠留住金錢，短則為自己不能工作以後的退休累積足夠的物質基礎以確保老有所依，長則希冀自己身後自己的家人衣食無虞、居有其所、醫有所保，留下傳世家產恩澤後代。誠心誠意，綿綿情意，在無數最冰冷死寂的遺囑中盡顯人性光輝。這就是人類的文化和表達方式吧。

留住財富的深層意義在於：

其一，為自己安排失去工作和賺錢能力之後的漫長退養期的鉅額財務費用。你可能已經所有耳聞，隨著通貨膨脹時代的到來，20 年後、30 年後你養活自己可能需要一個十分龐大的數字。2000 年，新加坡的財務顧問建議大家為退休留足 100 萬就可以愉快退休了；12 年後的今天，同樣的財務顧問們要求大家最好存夠 180 萬。如果你現在 50 歲，要是你一不小心活到 100 歲，你的財務顧問每 10 年會給你一個水漲船高的退養計畫書，那個推算出來的數字會讓你內心有懼。所以，你需要留一些你已經擁有的財富，還需要讓它們超過通貨膨脹率，如果它們能夠帶回更多的財富，當然更好。

其二，如果你已經大富大貴，坐擁千兆萬，所謂的留住財富，你通常會考慮捐助社會和留一部分給你的子女。根據「富不過三代」的財富箴言，你很希望你不太放心的子孫們能夠在他們的人生中有房住、有車開、有飯吃，可惜你不能為他們再當一輩子牛馬，替他們管家了；你深知他們不會像你那輩人那樣吃苦耐勞了，嬌生慣養、不會持家是子孫們在老人眼中的通病，那就打一個電話給你信賴的理專和律師吧，做一份可以傳世的信託和遺產規劃，選擇那些一流精專的理財顧問為你家龐大的基金工作吧。就像威廉王子（Prince William）一樣，你的孩子在你身後若干年，等他們成熟到一定程度，他的銀行帳戶將分批出現你希望他得到的財富金額；在你身後多少年你都可以安心，你的子孫們過著同樣有保障的品質生活 —— 你可以在天堂含笑致謝現代的銀行和法律服務可以保護你辛苦一輩子的那些錢財不被不肖子孫揮霍一空了。

其實這個世界上很多人缺少的不是財富機會，而是缺少創造財富和守住財富的能力和技巧；因為你對財富的認識和行為選擇的不同，你的人生也就有了窮與富的根本性不同。記住一個企業家語重心長的一句話吧：「賺100 萬花100 萬那不叫富，留住財富才是真正的富！」

第二篇
財富技巧

第五章
工作謀生，投資致富
—— 讓財富和你一起成長

前已有述，這本書的讀者群是那些沒有出生在富裕家庭的年輕都市受薪階層。對於這些人來說，出生以後讀書 ── 工作 ── 退休，成了都市人生經典的三部曲。一般來說，現代社會普及型的教育也達到了高中以上，越來越多的人都接受過大專以上的教育。雖然有些人在年輕的時候因為種種原因沒有完成大學教育，但是隨著現代教育的發達和人們對自己不斷提升的要求，在工作場所以及業餘的進修中，終生學習的觀念和行動使越來越多的人在工作以後，達到大學及以上水準的比例越來越高。即便是從事勞動工作的雇員，工作條件、技術能力和學歷也都在進一步改進和提高，還有一些從事金融、管理、創意的職業的高薪族……為敘述方便統一起見，我們全部概述為都市受薪階層。

　　都市受薪階層的顯著特點是：其一，不管職位層階高低，全部是依靠薪資收入而過活；其二，雖然有被動收入，但總體上被動收入的成分不是太高，所占比例不大。也就是說，這裡的受薪階層指普通收入的受薪階層，不包括為人工作領取百萬年薪的特殊族群。針對這樣的普通都市受薪階層來說，剛剛進入職場不久的職場新鮮人的薪資收入，通常為其主要的收入來源；擁有一份固定的工作和一份固定的薪水，再加上補貼和獎金，這些收入往往就構成了都市受薪階層的全部收入來源。對於這些都市受薪階層來說，按部就班的工作和辛苦的努力，每年的加薪和逐步升遷的職位，是一條人人皆知耳熟能詳的「往上爬」的職場劇本，他們中的大多數就是按照這樣的人生軌跡完成自己的人生三部曲的。

　　對於這樣的人生，我們一點都不陌生，因為許多人的父母、朋友就是這樣一路走過來的。幸運的，一輩子千辛萬苦、兢兢業業，養大孩子還完房貸，就已經萬事大吉、完成人生大業了；不那麼幸運的，刻苦勤儉勞累一生甚至也沒有賺到一處可以安身立命的家產，甚至也負擔不了自己的醫

藥帳單，老了還需要向孩子們伸手討生活費 —— 如果幸運地有孝順孩子的話。老年貧困的現象屢見不鮮。而貧困的城市人口中，他們中的許多人原本也是一直千辛萬苦兢兢業業地工作來著，在蒼老的人生中最後落難於財務狀況的不佳，比生活在鄉村中的貧困老人更不濟，因為手中沒有現金，他們可能隨時沒有牛奶和麵包，可能隨時被中斷水電等必要的城市服務。也就是說，城市中的貧困者在遭遇經濟困境的時候，只能維持短短幾個月的帳單，「手停口停」是具體的寫照。

這個問題向所有的人敲響了警鐘。無論是青年還是老年，個人財務獨立是一件非常、非常重要的事情。重新審視財富的意義，並非是與社會上一些人奉行的「金錢至上」同流合汙，也不是顧此失彼的「拜金主義」抬頭，而是透過你自身的努力，保證你一生基本舒適和有保障的生活也就是個人財務獨立，對於一個人最終能否過上快樂富足、老有所依的幸福生活，太重要了，這是一個人們不能忽視的問題。

據報導，美國人口中，75 歲以上的老人中有 130 萬人還不能過上舒服閒適的退休生活，很多人還需要繼續工作才能付得起帳單。在風燭殘年的時候還不能頤養天年，還得為三餐水電發愁，實在是有些殘酷和悲涼。工作一輩子而不能退休，有誰認為在腰都站不直、四肢僵硬的時候繼續討生活的人生是幸福的人生呢？相反，如果你衣食無虞，身體健康，頭腦清晰，在 68 歲的時候興致勃勃地環球旅遊，78 歲還在打理慈善基金會，88 歲以後還夢想出版詩集，那你肯定讓全世界的人都羨慕、讚嘆、為你鼓掌，也絕不會有人非議你不幸福。

一個人的財富基礎對於他的幸福人生何其重要。那麼，問題在於，如果你不是含著銀湯匙出生，是不是就沒有多少致富機會呢？事實上，絕大多數的億萬富翁都不是靠繼承財產致富的。他們中的大多數是白手起家

的，靠辛勤、努力工作和用自己的眼光、智慧賺錢。雖然成功致富的傳奇許多都是無法複製的，比如比爾蓋茲、賈伯斯和巴菲特的非一般經歷，都只能作為勵志鼓舞和經驗參考而不能作為模範模仿，對於現代城市階層來說，他們是否也有一個途徑，可以靠一生努力而過上富裕的有品質的生活呢？答案是肯定的。

前面我們已經大致地匡算過了，一個城市普通受薪階層在他 30 年的工作期間裡，都可以是百萬富翁。他們一生創造的工作收入介於 170 ～ 350 萬之間。當然，這個數字是個純粹的數字，並沒有扣除他們必需的生活費用和其他一切支出。即便如此，這樣的正常收入仍然是可以保障基本生活的。如果是雙薪收入，再加上各種津貼和獎金，沒有過度消費行為的話，實現普通小康生活也是沒有問題的。但是人們的目標並非僅僅如此。事實上透過多一些的努力，很多人可以在普通的收入族群中脫穎而出，遙遙領先地走向財富之旅，過上更為優渥的生活。其間的精髓在於很多人了解「工作謀生，投資致富」的訣竅；因為掌握了這個訣竅而使得他們的人生大大地不同於一般人的人生。那些「只埋頭拉車不抬頭看路」的同樣辛辛苦苦的受薪一族，由於沒有在他的人生中設計加入一些必要步驟而在 20 年以後，生活質量大大地低於了他的同窗。

人生職場長跑 20 年，同樣努力、不同認識和不同行為，是造成同一起跑點上出發的人 20 年後在生活境況和財富差距上天淵之別的重要原因。這兩類人，兩種不同的認知，以及在不同認知下的作為，使得他們的財富人生發生了重大裂變。

一、建立多重收入管道

工作是人生中的重中之重，它不僅帶來養家餬口的活命錢，還帶來樂趣和成就感，更賦予人生的意義和昇華成人的一種精神寄託。工作對於人們來說太重要了，重要到你無法想像失去工作或者根本不工作的情形 —— 即使是衣食無虞沒有財務問題，人們也是無法想像完全不工作的生活會是一種什麼樣子，因為沒有人能夠承受這樣的生命之輕。所以基本上人們都很認真地看待工作問題，很多人對工作還抱持非常虔誠的態度。無論是雇主還是僱員，對待工作的認同點就是：做一份工賺一份錢。薪資收入通常就是人們賴以為生的最重要的收入管道，很多人離開了薪資收入就沒有辦法過活。

工作所帶來的收入是如此重要的「生活本」，以至於許多人把工作看得也如此重要，一輩子克盡職守，殫精竭慮，一心一意，傾注一生心血奉獻給自己的工作。有許多職場人士甚至終其一生都忠誠於自己的公司和雇主，沒有換過工作。大部分熱愛自己工作的人都獲得了不錯的人生回報和強烈的滿足感。

即便如此，我們說薪資收入是很重要的管道，但不應是你唯一的管道。薪資只是你工作表現的價值的一部分，它不是你個人可能創造價值的全部。尤其是現在的薪資體系雖然全面而嚴密，對全社會的受僱人士來說也相對公平，但是，對於生活在高消費和高通膨時代的人來說，僅僅依靠薪資收入維持生活和普通消費還說得過去，如果你有稍微多一些的需求可能就顯得勉強了。如果僅依靠一份薪資收入買房、買車、出國旅遊、提升學歷，這份薪水就必須很高而且穩定，在現在到處都取消終身制、打破

「鐵飯碗」的工作，終生維繫於一份薪水過活被越來越多的人認為靠不住和沒信心。薪資收入已經越來越不被人們視為唯一的、主要的依靠了。

　　但是，工作和由此帶來收入的薪資對大家來說依然是至關重要的。儘管工作可以滿足生存要求，但無法滿足全部的生活需求，它依然在人們的各種收入中穩居首位，這是因為薪資收入具有無與倫比的穩定性、可預測性和連續性。人們必須先滿足生存然後再追求發展，薪資收入可以非常安全穩固地提供人們衣食住行等生活必要開銷和保障，並且可以相對寬裕地應對生活中的娛樂交際等非大型的開支，也可以讓人們留有餘地地累積下來一小部分作為不時之需。只是人類的生活本身就是豐富多彩的，人們對自己生活的要求也是多層面的：當錢包癟癟的時候人的欲望不是那麼多，當錢包鼓鼓的時候人的欲望也會跟著膨脹，人們對生活的要求總是希望可以「步步高升」，溫飽之後人的各種想法都會紛紛出籠。生活是一部無比豐富的百科全書，人生是一種漸入佳境的期盼和追求，工作可以滿足生存，可是你逐步衍生出來的對於生活各方面的欲望和需求，可能是僅憑一份薪資收入所遠遠滿足不了的。建構多重收入管道是對人們多方需求的衍生保障。

二、從計時報酬到無限收入

　　雖然說日子是自己過的，「豐儉由人」說明你的生活支出和財富累積決定於你個人的消費，但是，對於絕大多數人來說，平衡生活並且有樂趣的人生是值得肯定的，荷包和欲望之間的平衡可以帶來自在和和諧，那麼荷包的支付能力的提高，可以帶來更大的樂趣。所以，與其固守著一份永遠

都不夠用的薪水，許多人寧可嘗試去闖出一條新的路來滿足自己的欲求。如果說雇主支付你一天 8 小時的薪水，保證你基本生存的話，那麼，一些人用另外的收入管道來賺取可以滿足額外消費的收入，因而投資成為人們茶餘飯後冥思苦想和刻苦鑽研的興趣和樂趣所在，成為用工作之外的時間賺取薪資以外的收入的最重要方法。用額外多出來的收入支付額外冒出來的消費，既不影響工作和正常的收入，又可以在 8 小時之外創造財富價值，豐富和提升自己的生活品質。這就是為什麼那麼多的人在週末跑出去看房子、在網上炒股票、去銀行投資基金和信託產品的緣由。非常簡單，如果投資奏效的話，何樂而不為？事實上，投資是一種歷久不衰、有風險但是也有明顯成效的增益管道，如果掌握了投資技巧的話，它確實可以帶回滾滾財源，並且是目前為止可以帶回很大、大到無限回報的一個方法。任何的一種高薪都是可以計算出所創造的價值的，而持續的投資行為則可以創造出比你想像的更豐富的財富。從領取計時報酬到創造無限收入，應該說是人類追求財富的一大躍進。學會投資，你就拿到了一把致富的金鑰匙 —— 當然，投資像所有能夠帶來財富的真正技能一樣，並不是那麼容易就能掌握的，你必須下一番功夫去認真學習和認真實踐才能掌握它。

三、富足是一種變化著的心理訴求

「飽暖思淫慾」和「慾壑難填」兩個成語非常真切地揭示了富裕、欲望和需求之間的關係。大量的生活實例說明，富足的生活不是一個結果，而是一種期望，是一個不斷發展的變數。隨著人們追求的欲求得以實現，不久以後，新的欲望將會出現；它需要人們以持續發展的軟實力和創富的硬功夫，來不斷地滿足人類不斷更新的欲求。人類不斷的追求和不斷地得到

滿足，大概就是實現幸福的動力和過程吧。

人們對生活「更上一層樓」式的要求，令其不可避免地產生要與他人比較的心理願望，也會導致人們經常會拿自己的過去來做對比，在比較中產生追求和樂趣，當然也包含著失敗時的酸澀和痛苦感。但大多數時候，這種比較所產生的正面動力可以加速願望的實現，促使自己的能力和收入的不斷提高，以達成生活水準的不斷提升。這樣的過程在人的一生中的上升時期不斷循環，人們逐步地體驗和享受著比較滿意的生活而產生幸福感、愉悅感和成就感。當進入收入的下行階段，人們也會根據收入的減少而調整消費、收斂欲望，從而達到另一種平衡。當然，這個過程是幸福的還是委屈的就另當別論了。所以，維持一種收入的平穩和上升曲線，對保證人的幸福感有很大幫助。投資創富對維持這種生活狀態和心理感覺都有很明顯的正面效果。這是多少年以來人們對財富孜孜不倦追求的動因之一。

當了解了財富的方向性問題之後，你就會自覺地把投資創富當成一個必須學習的人生技能，而不再將一生的全部局限於一份安穩的工作。這是個人成長和潛力開發的開始。人的潛力是無限的，事實上，在現實中許許多多的人的潛力一直躺在那裡睡懶覺，並沒有得到適當的開發；沒有打破舊的平衡、衝破舊的習慣禁錮，沒有試圖超越過去的你自己，那麼，你也許永遠都不知道，原來你可以像許多成功人士一樣，在某些方面做得一樣地出類拔萃、一樣的精彩、一樣的好。

那麼，怎樣維持這種收入的上升曲線呢？你需要做的是養成兩個條件反射：

1. 從努力工作到定期儲蓄

一個時代、一個地區、共同文化背景的人通常有著相類似的人生，雖然每個人的基因、性格和家庭環境不盡相同，但是他們成長的大環境的接近而使一代人的命運有大致相似的結構。當這些背景相似的人共同地走在財富之路上的時候，在起步的早期，那些努力工作並且養成定期儲蓄習慣的人，和那些同樣努力工作但沒有固定儲蓄習慣的人，好像南轅北轍一樣，各自朝著不同的財富方向，走向貧窮或者走向富裕。在這裡他們共同度過的時間變成了財富和貧窮的膨脹劑，而複利則成為一種加劇貧富的加速度和推手。在一段時間裡，將明顯、十分明顯地加重著不同財富走向和財富積聚的變化和結果。10 年出現不同，20 年出現鴻溝，30 年或許就無法望其項背了。可以十分清晰地看到兩個不同的財富方向和到達的終點：一個有錢，一個沒錢；一個富足，一個貧困；一個積聚了越來越多的財富，一個擁有了牽扯不清的財務問題和貧窮。在共同出發點上的人們由於不同的選擇產生了不同的結果，現在「海水退潮就知道誰沒穿褲子游泳」了。

2. 資本在手和持續投資

在努力工作和儲蓄之後，你還需要善用你已經到手的資本 —— 積蓄的那桶金，要用這在手的資本進行不間斷的持續若干年的長期投資。有了這個行動，你才可以用若干年的時間培養和收穫薪資以外的收入，幫助你在一個時期之後獲得財務更上一層樓的可能。投資行為是你財富人生的催化劑。你必須先達到財務獨立，然後才可能實現財務自由。

用前期累積的第一桶金做必要的持續性投資，是邁向財富人生的重要途徑。

相比於沒有任何累積的同伴來說，如果你不僅儲蓄、並且持續進行投

資的話，多出的若干桶金子都是種子，這寶貴的資本讓你多出了廣闊的選擇自由和重要的發展機會：在投資得手時候的豐厚回報可以讓你像插上翅膀一樣地平地起飛。而沒有這麼做的人，不得不在長長的隊伍裡論資排輩地等待著職位的晉升和由此帶來的小幅度的薪水的提高。

在這個階段，那些已經累積下投資資本的那些人，僅僅因為他們手中比他們的同伴多了幾萬、幾十萬可以用於投資的「種子」，他們就可以隨時播種、待時收穫，這種超然的廣種博收使他們擁有了可以看得見的「錢途」。前期的「種子基金」雖然數目並不是非常大，但是，財富增值的速度是令人稱奇的。經過時間的催化，在複利的基礎上，「利滾利」的模式下財富生長的速度和力到，可以將同時起跑的人甩開距離、有可能是永遠無法追趕的距離。這個造富的祕密就是不斷投資，不斷收益；不斷收益，不斷投入；不斷投入，不斷生長；不斷生長，不斷收穫。財富的距離就是這樣被投資和收益回報不斷地拉大的。

相比於定期儲蓄和不斷投資的人，那些一樣工作但是沒有進行儲蓄和投資的人只是「沒有做」這些事情，他們共同的特徵都是以工作所帶來的收入維持生計，只不過另一種人留下了一顆金蛋，蛋生雞，雞又生蛋地周而復始，維持了一個再生產的過程；那個什麼也沒有做的人與他的同伴一樣付出了時間的代價，付出了工作的努力，僅僅因為少了一個儲蓄和投資的設定，他就這樣永久性地失去了「和財富一起生長的機會」。那個既努力工作又抽出一些時間做儲蓄和投資的人並沒有像從事副業一樣，每天多付出 4 個或 8 個小時，他只是在閒暇的時候關心了一下自己的銀行帳戶，平時隨時留意了那麼一到兩個投資管道，多打了幾個電話給理財顧問，簽署了幾份投資文件，就這麼種下了一棵蘋果樹，幾年後，一叢一叢的蘋果樹就這麼一筐筐地開始收穫了。

所以，城市受薪階級如果可以早一點明白這個道理的話，意識到工作所帶來的薪水，是任何仁慈的老闆和大方的資本家根據所收穫的勞動價值所支付的，根據當時當地相對合理的薪資價格而支付的薪水這樣一個簡單的道理的話，那就一定明白，薪水再多也只是讓你養一個4口之家，可以買食品、看電影，可以出去玩玩和繳納住房貸款，但是，除此之外就所剩無幾了。遇到那些薪水低、運氣差，失業、生病、禍不單行的，生活的情況就可想而知了。所以，所謂工作的薪水，謀生尚可，不足以靠此成富。如果想在有生之年較早地擁有財務自由，僅僅依靠薪資收入是遠遠不夠的。只有在努力工作的前提下，用一段時間存下用於投資的第一桶金，並選擇能夠帶來穩定回報的投資產品進行投資，你的財富才可以和你一起在歲月裡共同成長；當你的年齡越來越大的時候，你的財富總額也將越來越大。這些財富不僅可以滿足你越來越多的生活要求，還可以戰勝越來越高的通貨膨脹，以及給你帶來越來越豐厚的投資回報。

　　所以，在人生的起步階段，應儘早了解財富方向，盡早步入財富軌道並開始起跑。生活的豐富多彩和人們對美好的神往，既是一種挑戰也是一種驅動的動力，所有的嚮往最終必然落腳在現實生活的層面，以一定的物質載體和精神的愉悅作為表現。實現幸福快意的人生，當從你的財務獨立開始，因而在人生剛剛開始打拚的時候，了解財富起點和財富管道是如此地重要，學習和提高財商，找準財富方向，確立合適的財富策略，設定下一個自動的財富程式，然後，隨著時間的推移，讓你的財富和你一起成長。

第六章
財富借力
——讓金錢爲你工作

如果你已經有了 5 年以上的工作資歷和社會經驗，你應該已經經歷過一些小小的投資嘗試了；當你有了 10 年以上的社會和專業技能之後，你的理解和認知也都進入到一個新的層面和高度。這個時候你不僅有了投資的眼界和知識，也有了比較成熟的心智和理念，與你自己親身經歷過的艱苦奮鬥相比，你忽然悟出了財富集聚的法則，你也領略到了財富的速度和力道；你產生了要領導這群數字的想法：為什麼不能讓金錢為我工作？顯而易見，你意識到，一大筆錢如果轉動起來，是一群人追趕不上的，當然也包括你自己。

　　當你了解了投資致富的道理、參透了財富的增值方式和成長速度之後，當你發掘出了你的財富潛力，你就能夠領導你的那串還不算太多的數字，讓它們錢生錢、利滾利，找到一個和你同方向的有力的同行夥伴，讓它和你一起前進，一起造富 —— 讓金錢為你工作。

　　如果你已經在過去的嘗試中成功取得一些投資報酬，哪怕這些不算太大的甜頭都會為你帶來一份莫大的鼓舞。你會驚詫於財富的造富能力之強大，因為你一個人辛辛苦苦工作一年的總收入，甚至還比不上地段優越的一套市區公寓一年的房租，更不用說一個工廠可以養活成千上萬的人。所以，單單憑藉你個人的工作收入對於財富人生來說是遠遠不夠的，即使你還加上了你的幾個月的分紅、獎金和加班費。可以肯定的一點是，基於生活標準而計算預定的薪資體系，充其量僅僅可以讓你稍微寬鬆地支付生活支出而已，這些薪資並不能讓你隨心所欲地購買新電子產品、隨意國外度假和購買名牌服裝，它只是可以滿足你生活的最基本消費和娛樂而已。那麼，在現代社會裡人人都想要的有品質的生活方式的帳單該怎樣支付呢？坦白說，僅僅憑藉薪資收入是不可以幻想擁有太高的生活水準的，這點人人都清楚；但是，恰恰是現在的受薪一族也有很多人照樣擁有了不錯的生

活品質，那麼，他們那多餘的錢從那裡變出來的呢？

前已有述，一個月光族和一個每個月儲蓄薪水 10%～30% 的人相比，這個儲蓄的人在 30 年後的積蓄比這個不儲蓄的人整整多出來百萬以上！這僅僅是儲蓄與不儲蓄所造成的留在手中的錢的差別。如果這個儲蓄的人還不斷地進行一些適合他自己的投資，包括用這些積蓄購置房產出租，購買股票套利，或者乾脆投資了一家餐廳，那麼，正是這些舉動使他的財富有了倍增的可能。有計畫、按步實施的財富人生與不加節制的、沒有計畫和目標的人生在結果上一定是南轅北轍。不一樣的財富方向，讓兩個同年齡、同背景、同學歷和工作能力的人擁有不一樣的財富人生。兩種境遇的不同人生裡，那個節制的、計劃的、經常做一些財務規劃和投資行為的人不過是在一開始的時候就設定了一個自動的體系和機制在他的生活裡，在用心節餘和努力鑽研之後，他有了一個「合作夥伴」—— 他那些不斷累積起來的金錢，逐步與他一起行走在財富的旅途中。所以在 30 年以後，他和他老同學的生活水準就形成了你看到的天地之別 —— 一個富足而舒適的品質生活，一個甚至還沒有準備好失去固定收入退休之後賴以生存的養老金！

當你確定這輩子不能過著入不敷出的貧困生活，必須擁有舒適、愜意的財富人生之後，你就必須確立你的財富策略，並為之孜孜不倦地努力奮鬥，包括學習專業之外的知識、對自己進行系統性的分析和潛力開發、努力嘗試新事物和持續投資，而不僅僅只是停留在有一份工作、賺一份薪水的水準上。

除了正職工作之外，你可以找尋到人生原來有很多可以讓人熱情勃發的事情和可以讓人發現寶藏的寶庫，你自身的「尋寶」過程來源於你對自己興趣、愛好和希望的執著與開發。很多全球優秀的企業家的發家史都源

自於自身對某種事物的不倦追求和由衷的摯愛。在認識自己之後，你可以動用多幾種因素增強你的優勢和創意，貢獻和成就你的財富人生。勤奮學習、仔細觀察和勇於實踐，相信總有一種投資手段適合於你。你必須學會讓金錢跟你一起跑，讓那些你累積起來的、已經擁有的資本幫你分擔一些壓力和任務 —— 你必須指揮和安排它們，讓它們和你一起創造你的財富未來。

　　具體地說，就是用薪水支付你必需的生活支出，用累積下來的資本進行投資，所帶來的更多的收益可以幫助你搭建起一個財富平臺，這個財富平臺可以讓你有更開闊的視野和更多的投資機會，以及同時磨練出更傑出的創富能力。當你擁有一份固定工作，也就是謀生能力的時候，也是你應該開始財富規劃和財富起跳的最佳時機。你必須開始思考和訓練自己，涉獵和捕捉財富資訊，歷練你的財富技能，藉助於你已經擁有的資本累積，調動你的金錢助你一臂之力，和你一起進行一場曠日持久的財富大創造。

　　所以，清晰思考和深刻體會財富和金錢的本質是有益的。金錢至上是一種不健康的價值觀，鄙視金錢、不把金錢當回事是另外一種偏頗的價值觀。長期以來，學校和家庭都以似是而非的金錢觀影響著下一代，在關於金錢的兩極化爭論之中，正確的金錢心態和適當的財富技巧往往被忽略和開發不足。正因為如此，金錢問題始終困擾著人們，並加劇著人與人之間的矛盾。樹立正確的心態、金錢觀和財務、創富技能，對你的幸福人生至關重要。

　　如何讓金錢為你扛起人生中負重長跑的一角？如何讓金錢為你服務？如何讓金錢在你財富人生中發揮創造性貢獻？經過百多年的近現代社會體制、企業制度的發展磨合和大眾創富經歷，人們發現，在創造財富方面，

細數歷來形形色色的成功，創富的主要管道不外乎有三種，你的資本可以很好地在這三大途徑上發揮效用，為你帶來源源不斷的豐厚回報：

一、股票和其他有價證券

說起投資創富，股票首當其衝。說起股票，幾乎是無人不知、無人不曉。作為常見的投資手段，債券、基金、信託、外匯、保險、黃金、收藏等，林林總總各有支持者，你熟悉的朋友或是身邊的家人各有屬意，但大家都熟悉的莫過於股票了。不管有沒有親手交易股票，每個人好像都能講出一打有關股票賠了賺了的故事；由此可見，股票對於我們的經濟生活來說，就像現在的手機——不管你喜歡還是拒絕使用，這東西就是一種絕對存在。

股票因為低投資額、交易方便和變現容易而被大眾認可。不管你認為它是一種投資還是一種投機，無論你對股市多麼嗤之以鼻和無奈，仍然不能改變「股市造富」這一事實。每年每月，世界各地的股市讓成千上萬的人血本無歸的同時，也總是能夠把其中的佼佼者晉升到百萬或千萬的致富行列。在 10 年之中，美國 2000 年～2002 年，2007 年～2009 年的兩次股市崩盤讓無數人失去了半生的積蓄，使數不清的美國人賠掉了他們退休帳戶中的養老金而不得不延遲退休；在 1980 年代臺灣的大牛市中，眾多的「傻子買、傻子賣」跟風起鬨的人因為跟對了時機，而在股市中大賺了一把；雖然股市裡有關賺錢和賠錢的故事一樣的轟轟烈烈，甚至賠錢的人更慘烈些，但還是有無數的人想在股市中一試身手和運氣。投機和賭一把當然是一些入市者的明顯心態，但也有許多人把股市當成一個可以致富的

長期耕作的財富田野。股市被看做是社會經濟的晴雨表，是市場的前奏，因而也被許多機構當成歷久不衰、簡而易行的保留性投資管道。從來沒有一個市場像股市這樣，對社會和大眾有著如此卓絕而持久的魅惑力。

首先，身為投資者的一種最快速、最便捷的選擇，股市是一種很不錯的財富增值工具。說它是財富增值工具，主要是它可以用錢生錢，你投一個，可以變兩個出來 ── 當然也可能打水漂成為廢紙一張。雖然股票被明確地劃分為高風險的投資工具，股民們為自己找出的堅強的投資信心立足於：你將任何國家的任何一個股票市場的指數走勢曲線找出來，從股票市場開業看起，直到今天，它的指數都是一條上行的斜線。所以，人們堅信長期來說股市一定是上漲的。

其次，股市有著自身的行進規律和週期。股市會上漲，股市也會下跌；股市本身是一個零和遊戲，當有人賺錢的時候就一定有人賠了錢。除了上漲和下跌之外，股市會進行盤整；當然，如果巨大的買氣推動股市步步升高到不勝高的地步，那接下來也就離股災不遠了。美國的股市 4 年一個週期，香港股市 6 年一輪高低，3 ～ 5 年內股市裡會發生幾次大大小小劇烈的震盪，大家稱之為「股災」。雖然股市「震盪」看起來不是好事，可是股市如果風平浪靜了，也就失去了賺錢的機會。正是這種上漲下跌，一些人割肉一些人才能盆滿缽滿。所以大家知道，要成功地從股市裡「淘」到錢並不容易。你至少要耐心地跟隨股市 1 ～ 2 個完整的循環週期，練習「踏浪」，還要持續每天了解財經大事，分析看盤並將心態歷練到位，功夫到了，才能夠從股市穩定地賺錢。

無論你覺得股市像賭場也好，像戰場也好，無論你愛它還是恨它，如果每年可以從股市上討回半個年薪，積極性和戰鬥力立刻就能持久不衰。雖然必須面對風險，但未嘗不是件好事。相對於投入的不是很大的資金、

又不需要兼差打工、還對本職工作影響不大的優勢，如果每年真可以賺到一些錢何樂而不為？這就是成千上萬股市入市者的普遍心理。雖然能夠在股市裡賺錢的人看起來要比在股市裡輸錢的人要少得多，但依然不能改變人們對股市抱有股切的期望，依然不能改變股票在全世界範圍裡被公認為是最大眾化、最佳的長期投資工具這一事實。並且，不管股市是牛市還是熊市，每年都有大批的百萬富翁在跌宕起伏、追漲殺跌中被製造出來。什麼市場可以造就成千上萬個百萬富翁？答案只有一個，那就是股市。這種神話示範效應還是以股市特有的病毒式速度，感染了無數個想模仿、想發財的人。似乎一踏入股市，平日裡看起來信心不足的人，也即刻開始眼光獨具、驍勇善戰，信心滿滿地將自己歸類為那 10% 的必勝客。

　　股市是個零和遊戲。對這一點一定要明白的是，它意味著在股市裡不賺錢則賠錢，風險非常的高。遠不是你拿錢放在銀行，就算是貨幣貶值了，銀行承諾給你的利息怎麼樣都會支付給你的。在股市裡，任何人都只有 50% 的勝算機率；如果是新手，如果不懂得看上市公司的報表，也不太關心政策與財經，還不會看 K 線，再加上喜歡道聽塗說而不愛自己動腦筋，那麼，這樣的入市就不亞於「盲人騎瞎馬，夜半臨深池」了 —— 也就是說，對於在股市賺錢種種技巧性東西一無所知，「駕車看地圖」邊買邊學的新股民進入股市注定得繳罰單的。任何事情，只有能把握者才能贏。股市裡的「8 輸 1 平 1 賺」其實非常接近公司裡職位晉升或者是企業生存的比率。如果你用心在做股票，通常會在幾年之後人有心得，踩準節拍後忽然會明白：股市之於你，就像老農之於春種夏收；你享受著「間種輪收」的樂趣：「做精一支股，富貴半輩子」。一些精良的股票可以讓人十幾年、幾十年地賺，巴菲特不就是這樣的嗎？

　　做一個認真的投資者而不是跟風者，你的心態會發生 360 度的大轉

變。你不再斤斤計較，也不再心存恐懼；你將股市看作是一種經濟現象的「大自然」，你明白它的周而復始、潮起潮落；你能夠辨析什麼是投資什麼是投機；你在進行一場精神與財富的戰爭，你一個人的曠日持久的戰爭 —— 當你把財富當作目標的時候，必先經歷心靈的洗鍊：知識、悟性、眼光、耐力、勇氣、心態、技術、判斷、果敢、堅毅……當你最終戰勝自我，不貪不懼，像士兵一樣嚴格地自律，把財富當成一種事業的時候，你一定屬於股票市場裡的贏家。

當你用了幾年的功夫徹底弄清楚什麼是股票投資的時候，基金、債券、信託、期貨、外匯等等就非常容易理解和操作了。無論你做哪一種投資，挑選一種適合你的金融產品，堅持做下去。現實中就有很多人，他們每天照常上下班，他們的股票和其他金融產品也每年幫助他們賺回一兩個年薪。

二、房產投資

「盛世收樓，亂世藏金」民間理財智慧中對房地產的認可源遠流長。黃金作為強勢貨幣是任何時間、任何地點、任何國家都被公認的，從古到今黃金都是財富的象徵。房產是人們日常生活的必需品，也是絕大多數人最大物件的個人投資（富豪投資遊艇、飛機不具參考價值）；它需要占用的資金量比較大，並且實用性非常強，不僅可以居住，還可以出租和充作抵押物。許多人喜歡投資房產是因為它的高增值性、抗通膨能力強及能提供穩定持續的租金回報。雖然遇到不景氣的時候房產也會貶值，但是正如人們戲謔的那樣：「當股票變成一張廢紙的時候，房產還能剩下幾幅門框和一堆磚頭」。房子，是絕大多數人喜歡和接受的經典財富類型。幾乎沒

有人拒絕房產 —— 只是看接受者能否承受得起房產的繼承和維護。可能是房子對於人類來說其天然的遮蔽與保護作用，人們僅將其排列在衣食之後，成為人類活動的第三大不可或缺的生活要素。正因為它是如此重要，房產在許多國家和民族都被人們視為人生在世的最大資產，也就不難理解了。

生於現代社會，絕大多數人一輩子可能不再會缺吃少穿；但即使在最富裕的國家，其人民也不能做到人人名下有房產。事實上，你可能不會露宿街頭，但是一些人注定一輩子都沒有資格將姓名登記在房契上。當然，除了擁有房產，你還是可以選擇租房子住。房產的投資價值因此產生也因而被追捧。

說到房產投資，很明顯的，是指你應該擁有自住房以外的房產。自住房是你必不可少的生活場所，也是你的日常必需消費；用來投資的房產，無論是用來出租收租金也好，還是等待著它的自然增值也好，總之，這第二套房子能夠為你帶來金錢上的回報。擁有房產和是否還完貸款是兩碼事，房屋貸款被很多人用作財務槓桿。沒有還完貸款不是那麼重要的事情，重要的是有人租你的房子、你能夠用收到的房租償還銀行的貸款。你自己居住的房屋的大小、好壞、地點優劣當然也有關係，但更重要的是，當你已經擁有一套有點價值的房產的時候，它可以抵押給銀行換出更多的資金用以你另外項目的投資。

許多國家和城市，尤其是繁華的國際大都市，房產都成為奢侈的代名詞 —— 通常，人們想擁有一套房產的代價是，踏踏實實工作 20 年或者更久。即使是像新加坡這樣少有的、在政府「居者有其屋」政策保障下的居民擁屋率高達 92％的富裕國家，如果想擁有一套最便宜的國宅，至少也需要 15 年的努力才能還完貸款。在另一些房價高昂的國家和地區，以人們

的收入和房價折算，需要 40 年甚至更長的時間才可以實現擁屋夢想。由此可見，無論你生活在任何國家的現代化城市，擁有房產，對於受薪一族來說，都不是一個輕易可以實現的美夢，都需要你腳踏實地為之奮鬥幾十年；正可謂一間房產，半生心血。正因為如此，房產投資才成為世界各地人們的一個共同愛好。因為居住的剛性需求和擁有之不易，大批的城市租屋族在挑選合適自己預算的空房。無論是紐約、倫敦還是香港、上海，抑或是普通的中小城市，還有峇厘島、普吉島和金馬侖這樣的度假勝地，就連北海道、瑞士等地的滑雪場旁邊，到處都有來自世界各地的租客和用於出租的套房和房間。

用於出租的房產的投資價值意義重大：因為它可以帶來豐盛的現金流 —— 每月的住宅租金或者店鋪租金都不是個小數目 —— 除非你居住的城市不夠繁華，你出租房的地點不夠便利。通常來說，一套在新加坡、香港、倫敦、紐約的住宅租金，常常敵得過一個人的工作收入。以新加坡為例，一套 3 個房間的公寓，租金在 4,000 新幣每月，一套優質的 4 房高級面海公寓，月租金可以高過 10,000 新幣。一個工作 15 年的中學教師和資深經理也不容易拿到每月上萬的薪水。同樣，北京、上海和日本、韓國的一些大型城市，房子的租金也非常高，這導致許多城市高薪白領的最大開支項目就是房租。

房屋價格的高漲和房源的不足催生了房產的投資和投機。「炒房」是一種房屋緊俏時期的短期持有和轉手行為，包括預售屋換約和一房多次轉讓這種投機。而持有房產 5 年以上的為長期投資。投機行為加劇了房屋消費者的負擔，也引發社會矛盾和加重貧富不均問題。各個國家對於住房這種涉及民生的問題都十分關注和相當謹慎，房屋政策的制定都十分棘手，限制房價會干涉經濟運行和影響國家稅收，不限制房價又會導致投機加

劇、引發民怨。縱觀香港、中國和新加坡等地這幾年發表的房屋限購政策，對於整體市場價格的控制和影響作用都是非常有限的。

房產的價格週期與一個國家的經濟、人口和發展政策密切相關。它的價格週期就像股票一樣有一定的規律，價格的上下起伏和持續時間可以從以往的資料中讀取。香港、新加坡、美國、澳洲等地的房產都有跡可循。房產投資如果進入市場的時機不合適，和股票投資一樣會被「釘在天花板上」，造成時間上的浪費和資金大量占據，甚至是「負資產」。比如，1997年前的亞洲金融危機在香港就逼出了很多房產「負翁」，而自 2005 年後的新、港兩地和中國大陸的房地產市場來看，不足 10 年的時間裡市場飛漲了 2 倍以上。不同的進場時間和地域對於房產投資者的影響甚為顯著，一些熱門地區的潛力項目，甚至爆漲 5 倍以上，而一些冷僻地區和地點，也可能多年不見動靜，比如香港的黃金地區和冷僻地區價差可達 10 倍以上。許多成功的房產投資者皆為看準時機「以房致富」而搭上了財富的順風車。

用作投資的房產，地點、功能和設施成為決定房價的首選因素而非面積大小。黃金地段的房產具備永久投資價值。最有價值的房產投資當然屬於那些地點好、設施全、管理到位、資金回流快的物件。所有的房子都可以遮風避雨，但是，並不是所有的房產都能帶錢回來。需要特別注意的是，作為個人度假專用的郊區「二房」，須謹慎考慮其投資效益。如果僅僅是自用而非出租，一些郊區別墅的利用價值十分有限而且昂貴；如遇轉手困難，土地增值緩慢，每年還要付出維護費，是否有回報都需要認真考量。那些不能帶錢進來而只是你自己付出管理費、維修費和房地稅的，不過是你又買了間房子而已；在它變成多於你付出的金錢之前，我們只能說，它是更大的負擔 —— 只有投入，沒有產出。沒有回報的房產只是

「填坑」──只會占據資金，消耗你的財富，如果有貸款還有可能變成你的「負資產」。

現在住在繁華大都市裡，多的是「房子為人工作」，好房子的價值在於「比人賺錢多」。那麼怎麼去尋找帶來高回報的「好房子」呢？

如果你稍稍留意一下就會發現，房分三六九等，一分錢一分貨。首先，「位置、位置、位置」這個房地產的金科玉律意味著決定房產價格的重中之重是房產所在的位置。優越的地理位置是房產投資的首選，位置選對了，等於投資成功了一半；因位置的不同帶來的巨大的租金的落差是房產回報諸多因素中最顯著的指標。

第二，生活機能。如果你要投資的房產周邊餐廳、超市、洗衣、美髮等各種生活必需與服務設施都近在咫尺，公車或者捷運站步行幾分鐘之內可及，學校、醫院在 20 ～ 30 分鐘車程內的，便屬於生活機能完善的投資首選區域。便利的生活機能是房產投資報酬高附加值的重要因素。

第三，房屋的結構設計、裝修配置和居住環境、風水因素。實用、舒適、美觀和沒有忌諱，是房產投資報酬中的另一些「增減值」因素：所有的討價還價 80％集中在這些方面，加分還是減分，就看個案的受檢視程度。

房屋的價格不是越低越好。冷僻不便的地點也許遠遠落在市場後段無人問津。在房產高峰時期買進的房屋，和低谷時期買進的房屋價差可達 1 倍甚至更多。不恰當的買入可能意味著你在相當長的週期裡根本賺不到錢，或者比成功的投資者少賺至少 2 ～ 5 倍的錢，更或者是買入即為負債。你需要藉助多方面的知識和消息，使自己繞過「投資陷阱」以賺取豐厚的回報。對於大多數人來說，房產的投資是一輩子最大的投資，所以，

作為投資而非居住的房產，在看地看價的時候就需要特別小心。在投資之前，一定要多做一些功課，包括所投資地區的前十年價格走勢與後十年發展規劃、周邊 3 公里內的生活機能分析、主要的交通狀況、租金回報和租戶對象以及自己的投資目標和財務安排。如果你認真準備這些細節，房屋仲介就算是花言巧語，你也會堅持自己的立場，而當你自己沒想法的時候，往往就成為房仲傾銷的「冤大頭」，人家怎樣講你就怎樣信。

原則上是這樣，但是，看房和買房不是一件容易的事；如果你有過為挑選一處中意的房產而到處奔波的經歷，就會同意我的看法：選一套各處滿意的房產還真得等時機、碰運氣。看房，結合了一個人的財力、判斷力、審美觀、想像力和控制力等多方素質，並非走走看看那樣輕鬆。而投資房產更為難得的是，不僅要從自己的視角看房子，還要能夠揣摩到租戶的心態，選擇那些能夠讓租戶一眼看到就兩眼發光、願意付房租的房產。

第一看地段，第二看機能，第三看交通，第四看居住環境，第五看建築材料、廚衛設備品質品牌。綜合這些因素，以質論價。作為出租的房產有一個投資規則：一分錢一分貨；世界各地大都市裡的優質公寓針對外國租戶都可以訂出極高的租金標準，其業主在購入時價格及裝修、維護費用也不會低；普通的住宅最好的租金也是「普通價格」，這都是合乎邏輯的。

投資房產小 Tips：

(01) 作為投資的房產，坪數小的出租率高；一房一廳、兩房一廳最為搶手，三房、四房針對家庭，再大的要找豪宅客或您自己住；無論在買進的時候、尋找租戶的時候還是轉手的時候，小戶型都快於大戶型；

(02) 毗鄰捷運、名校、大辦公室、購物中心，以及擁有湖、河、山、林、園等風景的產業，都會有加分和溢價；

(03) 注意風水。不要選擇太臨近醫院、加油站、瓦斯行、直衝大馬路、高樓阻擋光線、強反射光、汙水坑等的地方，是因為這些所謂風水不好的地方本身都是環境有缺陷不宜居住的地方；

(04) 選房子要親自進到室內看過再下訂，買成屋好過買預售屋；

(05) 計算租金、維護費用，安排財務，用租金養房子是不錯的選擇；

(06) 房產投資的週期通常為 2 年～ 10 年或更長，為長期投資，變現需要一定時間。

　　在過去 20 年間，假設你跟隨亞洲經濟成長一起進入房市，你會在 1997 和 2008 遇到兩次大的地產調整；如果你在臨近調整之前入市有可能買在高點上；如果你在調整以後入場，一些房產物件可以讓你輕易地賺到 2 ～ 3 倍的價差。在未來 20 年，如果你留意都市計畫、人口發展及房產政策，再或者你做某類的投資主題，比如外商、教育、白領、留學生等等，那麼，租房賺錢也不是問題。

　　當你成功投資第一間房產以後幾年，你就會有第二間；當你熟練投資住宅之後，你就開始對商業地產有興趣。有那麼一天，你會發現投資地產帶給你的是一個涉及經濟、法律、金融、設計、環境、美學、人際、社會等全方位的磨練。學會投資和管理房產，是個受益無窮的嗜好，因為它能夠帶給你的，不僅僅是幾間房子，而是源源不斷的財源和可以流傳後代的家產。

三、投資或經營企業

　　30 年前誰要說去創業，大家會覺得他不是瘋子就是傻子，反正是大公司不要的那種人；今天，誰要說去創業，大家會覺得他有個性有膽量，

是不要大公司的那種人。風水輪流轉，環境在變，人的觀念也在變；社會發展日新月異，人們接受新事物的速度也越來越快、越來越普遍。問問今天的年輕人，有幾個不想當老闆，誰心裡沒有過創業夢？為什麼要創業？答案前三名：一是客觀上的求職難，二是主觀上的放飛自我，第三就是賺錢爭取儘早獲得財務自由。人生一世，草木一秋，有誰不想過好日子？誰不羨慕賈伯斯？誰不想成為車庫裡走出來的比爾蓋茲？時代不同了，社會環境的寬鬆，人們觀念意識的開放，經濟和商業模式的推陳出新，運輸和支付方式的便利、快捷、完備，一切的一切都為現代人準備好了從來沒有過的最適合商品經濟發展的條件和氛圍。當 3G 手機變成了電子錢包，當滑鼠輕輕點過萬類物品，當不出家門世界各地的產品自動上門的時候，當在任何公共場合都能免費地輕鬆享受 Wi-Fi 的時候，不是大公司提不提供長期工作合約的問題了，而是人們願不願意接受一份綁死終身的「永久賣身契」的考慮了。一輩子忠誠雇主，從來不提個人要求的時代已經遠去了，人們越來越關心的是一個符合自身考量的階段性生涯規劃。過去 10 年裡，誰沒有聽過、議論過、想到過創業那才叫跟不上潮流呢。

創業，說起來豪邁、聽上去激動。常常就有一些鼓勵人們創業的文章，洋洋灑灑 15 個要點、詳詳細細 28 條鐵律。不用說，寫這樣文章的人本身都熱血沸騰的，讀的人當然也跟著心動。毋庸諱言，創業不僅是時代潮流下的就業新思路，也是實現自我追求財富的一條有效途徑。一個人闖蕩了一次江湖商海，就像在軍隊打過一次勝仗一樣，收穫的是一個完整的真實過程。

有人認為，在現在經濟衰退、就業率下滑的情況下，年輕人應該勇敢地接受挑戰，自己解決自己的就業問題，創業經商。這種倡導雖然指出了一個方向，也鼓勵大家自謀出路，減輕政府的就業壓力，但是，提倡和鼓

勵創業，並非適合所有的人，尤其是剛踏出校門的大學生。對於有過職場經歷又懂市場脈絡的人來說，創業不僅是一種出路，一種創富，還是一種激發自由創意和建功立業的有效途徑；而對於剛剛畢業的學生來說，許多人連社會、人生、市場的「北」還沒找到，即便是懷有一腔熱血，又有幾人能夠像比爾蓋茲一樣，將商業點子成功地轉換成一疊一疊的新鈔票呢？作為嘗試和體驗是可行的，作為謀生之道，他們應該在累積一定的社會經驗和工作技能之後再行創業實踐。雖然比爾蓋茲也屬於「大學生創業」，但是這個成功案例很顯然激勵作用大大高於它的效仿可能。對於絕大多數人來說，要想創業，並非頭腦一熱就可以一蹴而就了，「填飽肚子的絕不是最後那口飯」，你還需要有一個相當的過程作為鋪陳和過渡。據統計，25 歲前創業的人的失敗率是 50 ～ 65 歲後創業的人的 2 倍。之所以這樣說，是因為人們成功創新的精神和信心需要呵護，由於準備不當造成的失敗是應當避免的。所以我們提倡大學生在有幾年工作經驗後再行創業，而不是一出校門就去開店擺攤，在有一些經驗和資金之後，創業之路既可以走得更容易，還能夠走得更長遠。

　　非常有趣的一個現象是，在創業領域，兩類人特別容易成功：一類是公司裡發展得比較好的那類，另一類剛好相反，是經歷不太順的那類。而中庸人士基本上比較安定。

　　創業需要衝勁，需要下定決心和背水一戰。沒有熱情、沒有謀略、沒有想法，吃不了苦、遇到挫折就趴下的人創不了業，日子過得悠閒太平的人也創不了業。所以，許多胸懷壯志、懷才不遇、志大難伸、走投無路的人白手起家、拚死一搏的人就成功了，而另一些躊躇滿志、意得志滿的創業者，有許多卻虎頭蛇尾草草收兵。為什麼呢？這可能是因為一個簡單樸素的道理：生存至上，哀兵必勝。只有強烈的求生、求勝意願才能戰勝前

程的命運多舛與耐得住九彎十八拐。所以我們看到的富比士排行榜前 100 名，絕大多數是白手起家並且少有春風得意的；而含著銀湯匙出生並且家大業大的，很多人中了「富不過三代」的魔咒，一語成讖，守不住財富。

　　理解了這些就比較容易同意這種說法：創業並非人人可行。如果被這個障礙先嚇跑了，回心轉意老老實實做好本職工作，不存非分之想，對雇主、對自身都未必不是一件好事。畢竟，社會除了需要領兵帶隊的公司老闆之外，更需要兢兢業業、踏實肯做的好員工。商業團隊的分工合作和默契配合，是企業成功運轉的基礎，沒有員工的企業注定做不大。面對重重困難依然故我要闖蕩要奮鬥的就屬於那些比較認真、能吃苦、有熱情、有想法並且常常懷有一技之長的真的想拚一把的人。如果你是喜歡思考、智商、情商都高過你的老闆、不太容易服輸、總想一試身手的那類人，那還是趕快出來吧。如果你從無職業而一下子想自立門戶，可能性也有，但成功率不高；而真正欲創業的人，一般來說不是找不到工作的人，而是不安於現狀的人。

　　有人說，成為企業家的人都是天生的。這種說法有點先驗論的色彩。無論藝術家和企業家都不是天生的，後天成長過程中的影響和磨練都有很大的作用。「王侯將相，寧有種乎」是一種求變的突破性思維。一個欲創業的人，通常是胸懷著多年夢想的人，他可以做著最低階的工作，但同時他一定懷著遠大的抱負；一個欲創業的人，常常又是一個愛思考愛、思索事情的人，他可以不在重要的職位上，但不影響他對於時局的觀察和判斷；一個欲創業的人，他又是個執著和認真的人，他喜歡承擔、勇於負責，他能夠繼續尋找到更好的方式和方法，善於創造出更大的價值，他的遠見卓識、膽略氣魄、奉獻犧牲和冒險精神都是超乎常人的，是生根於血液中的一種基因。有沒有企業家精神是能否夠創業的決定性因素 —— 有

可能這種潛質在剛開始的時候表現得不是那麼地明顯和張揚。

　　之所以創業和擁有企業被視為財富累積的首選法則，那是因為在所有種類的財富創造裡面，只有經營企業是可以直接創造價值的 —— 也就是說，生產和服務類的經營直接地產生著源源不斷的利潤，只要生產和服務活動持續，利潤就像農地裡的作物一樣，一批接一批不斷地製造出來。這明顯有別於股票和金融衍生商品的性質，它們不能直接產生價值，而是一種綜合行為帶來的附加價值。只要擁有和持續地經營企業，比如生產產品和提供某種服務，利潤就會被源源不斷地創造出來。一些源遠流長的家族企業、世界 500 強企業和大公司的造富能力是大家都耳熟能詳的。

　　創業者做企業主可以創造利潤，投資者也可以透過持有企業的股份，從而獲得企業的利潤和價值。不管是哪一種方式，都是累積財富的一個最重要和最有效的管道。世界富豪榜上富豪們的職業身分，企業家的人數占絕對優勢，排在第二位的是醫生和律師。

　　創業和擁有企業當然給人帶來莫大的榮譽和成就，但是也是一種壓力頗大的生存遊戲。企業家不僅要有創意，有一般人不具備的堅忍不拔，忍受得了寂寞，不輕易放棄，也要挺得住壓力，經得起競爭和淘汰。你知道企業的 3 年夭折期和 5 年生存期嗎？你清楚經營企業是一種年復一年 70%的淘汰賽嗎？你了解生存下來的優質企業又是怎樣死亡消失的嗎？你知道怎樣保持競爭力和持續發展嗎？你懂法律嗎？你知道「老闆」是忍辱負重的最大的上班族嗎？你知道企業開始於創富終將走向回饋、奉獻嗎？如果你有所認知又已經身體力行，那麼，歡迎你加入拓荒者行列，你將從這裡開始和實現身為一名企業家的一生：

　　從一個領薪水的人到一個發薪水給別人的人；

從一個做好本職工作的人到拓展全域性的人；

從一個只懂得身邊事的人到一個具備產業知識和國際視野的人；

從一個獨善其身的人到一個造福社會的人……

或許在開始創業的時候，許多人想的只是解決自己的生存問題，想的只是小富即可，從三兩個員工到為社會創造了幾十、幾百、成千上萬的工作機會，從為養家到肩負社會責任，開拓創新、獨挑大梁的企業家，多少年走下來，在為自己的夢想奮鬥的同時，也成為奉獻社會的令人尊敬的財富締造者。

第七章
創業和創富：
讓財富病毒式成長

幾乎每一個上班族都曾經擁有一個絢麗的夢想，希望有朝一日成為企業的主人，創辦一間寫在自己名下的公司。隨著現代社會的變遷，首先是由於社會轉型而帶來的僱傭關係的改變改寫了終身僱傭的模式，其次是人們逐漸接受契約式工作以及適應它的靈活性，解除了終身捆綁之後，人們的就業觀念也隨之發生巨大改觀，社會經濟的高速發展和創辦企業的門檻降低，以及越來越便利的經商條件，都促使越來越多的人開始思考創業，在有生之年更好地安排自己的工作和生活，施展抱負，同時一圓自己的實業夢。

　　創立和擁有自己的企業，在過去，大家多側重於創業者的個人雄心和抱負施展這一方面，從財富的聚集方面來說，它也是迄今為止公認的最悠久、最有效的造富手段。根據富比士上榜的有關世界富翁的統計，富豪中多數人的職業為擁有企業的企業主。在其他的職業領域，當然也湧現了數以千萬計的億萬富翁，但是，但凡超級富豪，無不來源於設立和擁有企業。道理很簡單，只有蓬勃發展的盈利良好的企業，可以提供持續的、源源不斷的利潤收入，使得財富得以病毒式成長。超大規模的跨國企業和他們的全球布局，以及企業的上市策略，使這些企業富可敵國，成為財富領域的航空母艦。

　　企業，是一個關於財富創造的真正神話和傳說，這個神話和傳說源遠流長，並不斷地被改寫和重新整理著歷史。生命有限，創造無限，只要人類和商業社會存在，商業模式和盈利模式還將被不斷地推陳出新。之所以千百年來人們對創業經商鍥而不捨，那是因為，再也找不到另外一種方式可以很好地將人類的生存基礎、生活目標、興趣愛好、理想抱負以成就感和高附加值的方式融入工作和創造，換得必要的物質收獲和精神愉悅。那麼，人們究竟為什麼迷戀創業呢？

一、不僅僅是財務自由

通常，人們創業的起點是「養家餬口」或者「成就夢想」，是從經濟的和自主的角度來通盤考慮生計、收入或自由度的關係。絕大多數的創業者是「從錢出發」，有一種生存的壓力和責任來試圖改變不甚滿意的生活。在開始的時候往往並沒有一大堆奢望和複雜的想法，當現實改變了以後，才會在進一步開啟的眼界和提升的思維上發展出更具指標意義的使命感和開發更大的價值。

從現實出發的養家餬口到財務獨立，再到人人期盼的財務自由，很多人需要腳踏實地地奮鬥十幾二十年才能實現。到目前為止，人們滿懷渴望地將退休的最早年齡標榜為 40 歲（厄尼〔Ernie J.,Zelinski〕：《40 歲開始考慮退休》〔How to Retire Happy, Wild, and Free〕），也就是說，無論多麼的心急，人們也都清楚，沒有 20 年的工作和積蓄，所謂的提前退休只是實現不了的「鏡中花」—— 退休是需要有最低的生活保障的。這種保障後來被延伸和發展為更高境界的「財務自由」—— 一種不需要工作就可以獲得源源不斷的資金收入下的自由自在的人生，「不工作而有錢花」是一種普世的解讀。

從另一個社會公理「不勞動者不得食」跳躍到「不工作而有錢花」，這種「想得美」的念頭不僅沒有被扼殺，而且被無數夢想家發揚光大，經過幾十年，上百位各國的經濟學家、心理學家、理財專家和培訓師的不斷推波助瀾，羅伯特·清崎（Robert Kiyosaki）終於將「財務自由」的體系隆重推出並自圓其說，探索出了如何實現財務自由的路。2000 年後，有關創業和財務自由的思想成為一種革命性的思維被人們推崇和身體力行。

被上班族視為翻身性的革命行為就是，忽然有那麼一天撥雲見日地改朝換代當家作主，從領薪水的人搖身一變成為發薪水的人。的確，這是一種全面性的改變，一種有決定意義的身分翻轉。

　　過去，人們考慮創業的第一要素是養家餬口、經濟獨立，沒有合適的工作、找不到工作和工作不稱心是重要原因。不創業沒出路，創業很多時候是一種無奈的選擇。2000 年以後，隨著網際網路的蓬勃興盛，「上網」的新興商業模式大大地改變了群體消費模式，以及帶動傳統商業行為的改觀，商業場地的突破、商業成本的降低、商業群體的擴展、商業疆界的拓寬，以及各個國家因為網路的衝擊而大大降低的創業門檻，下海經商自立門戶蔚為風潮。創業，在過去是人們經濟狀況翻身的一種夢想，在今天是人們展現自我、價值追求的一種表現。與其一輩子受制於人、辛苦勞動而財務不能獨立，不如發掘潛力、尋求突破讓理想起飛自我實現。尤其是現如今人們的教育程度普遍提高了，社會寬容度也大大提升了，基於現代社會快速發展所帶來的各式各樣新需求也亟需大量新職業填充，在種種機遇下，新需求未社會帶來了無限商機，舊有的僱傭體制和工作職位不能滿足社會需求，這就味全社會創業提供了合適的土壤和春風一般的推動力。

　　僅僅十數年，當前的創業已經脫離原先的僅僅謀生和賺錢的範圍，延伸到現代人為彰顯個性、展現自我、追逐人生全面價值的一個顯著管道和途徑，過去嚴肅的職業關以實用、奔放的職業自由化傾向取而代之。創業能夠帶給人們的已經不僅僅是實現美好生活目標的財務自由了，還包括了現代人所追逐的時間自由、人身自由、精神自由、創意自由等多方位的意識和追求。一些優秀的大學生一畢業就拒絕大公司的邀請，開始自主的漫漫人生路；許多工作多年的職場菁英也毫不猶豫地毅然放棄多年的打拚而轉換跑道，做自己此生最想做的事情；家庭主婦因擅長烘焙和編織而被發

掘成為店主；「網拍平臺」的最簡單的線上賣場培養出了成千上萬的企業家。綜合來看，現在的人們雖然需要經濟考量，但更加注重心靈的釋放，而不僅僅只是追求財務成長。當然，商業的基礎還是構築於利潤之上，自由的經營帶來的財務自由對於創業者來說仍然是最最重要的、最夢寐以求的，因為人生的很多其他自由到頭來還必須建立在財務自由的基礎上，如果經濟上不能獨立，收入不能支撐生活，隨心所欲就會變成曇花一現，過不了多久人們還是要重返上班族時代的。

二、黃金貴族：時間與金錢的主人

過去人們上班，朝九晚五，穿制服，受約束，一輩子任職於一間公司，有一份養家餬口的薪水，有一個可靠的慢慢熬出來的未來，就已經感覺不錯了。現在，不要講大公司，就是自家現成的家族企業，人們在選擇職業的時候首先想到的是自己喜歡不喜歡入這一行。很多老字號的店鋪倒閉關門，很多傳統的手藝因後繼無人而失傳。無論是現代公司還是家族企業，發掘人才、培養人才都成為不能掉以輕心的重要大事。薪水很重要，幸福價更高。注重自我發展的現代人追求的是怎樣才能完善自我、實現自我價值。雖然跨國大公司的品牌、聲譽和待遇都令很多人羨慕，但是，也有越來越多的人放棄了對這些帶著光環的頭銜的追逐，從高級辦公室轉到自己家的車庫和小店面，專注於自己的一個領域，做起小老闆，一圓創業夢。

對於創業的人來說，在商言商雖然一定要講求金錢的回報，但是主動創業的人更講求符合自我價值觀來實現事業定位和管理風格。他們或許靠專長設計出別具一格的商業模式，或者申請了品牌和專利，或許以小眾群

體的格局對壘傳統的商業經營。他們也許不喜歡早早地開店，或許只需要每週做三、四天，更或許他把他的業餘興趣看得比生意還重要。總之，自主創業的人除了刻苦努力之外，通常還會加上一份獨到的創意或者獨特的個人風格和想法。他們不僅僅要求所付出的心血和精力帶回豐盛的價值回報，他們中的許多人還希望能夠做時間和金錢的主人，在創意、管理、目標、風格等多個方面締造出獨特的商業理念和商業模式。這種特立獨行天馬行空的感覺和顯著目標的達成，成為目前人們羨慕那些創業成功的人士的一個重要原因。說實話，都是工作和賺錢，誰喜歡被捆綁約束？有誰不喜歡自由隨心地工作和賺錢？

▨ 三、造富機器：「印鈔機」

不可否認，除了特定的行業、職位和特殊情形，如專利發明、版稅收入和某些產業高管之外，擁有企業的企業主們仍然是目前最能創富的人。全球最富的各種富豪排行榜上，企業主和擁有企業股份的人占據一半席位，醫生、律師、高階主管和其他專業人士分擔另外一半席位。而在更高等級的財富金額範圍裡，比如億萬富豪的統計中，企業主更是占據了壓倒性地位。大型、超大型跨國公司和環球企業的估值常常富可敵國，一些公司如蘋果公司的市值，超越幾十個國家 GDP 的總和。一些國際大企業的 CEO 的年薪常常高達幾百萬、上千萬美金；一些公司即使不是那麼大規模的 IPO 和債券發行，也常常數以億計。這些財力雄厚的跨國大公司和一些重量級億萬富翁的活動和言行常常對一定範圍的經濟和族群產生重大影響；很多龍頭企業和資本大鱷們無論所創造的經濟效益還是提供的就業機會、貢獻的稅收都令民眾及一些政府部門、地方公司不容小覷。對於每年有著千百萬收入的企業主來說，他們的公司就是他們的「印鈔機」。你再

也找不到一種可以和創辦公司相媲美的、可以使財富快速增值的方式了。當投資報酬率達到一個不錯的數字 —— 通常是 10% 以上，再假以時間，你就可以看到驚人的財富病毒式成長。

四、創業是一種全面精深的學習和再創造

人生中重要的兩個方面就是工作和生活。工作方面只有兩個朝向，一個為人打工，一個自己養活自己。做一個企業主就等於將自己的一生自己掌握，不僅僅要自己解決自己的吃喝，還要負起責任考慮企業的生存和盈利，考慮員工的組織和管理，考慮行業的競爭和持續發展。在塑造企業的過程中，企業主也在實實在在地重塑著他自己的人生，沒有人替他「保險」他的成敗，也沒有人解決他面臨的大大小小的難題，不管他當初是為什麼下海經商創辦企業的，只要他開業了，他就是這個企業的「全能」和「多面手」了，他是這個企業最大的「員工」和「無任所閣員」—— 別人不管的、做不了的全是他的，誰讓你是老闆呢？所以，就從這一點上說，創辦企業所經歷的絕不是各司其職的上班族可以相提並論的，如果你真的想多學習和體會一些東西，那就創業吧。創業是人生中的一種最好的也是最艱苦的學習。因為在現實中，你需要解決太多太多書本上學不到、生活中沒人教、各種理論和常識都無法解釋的問題，你需要「摸著石頭過河」和「硬著頭皮闖天下」。創業的過程也是你人生的一個難得的磨練、實現和提升的過程。

創辦企業所帶給企業家的不僅僅只是金錢上的回報，還有全面能力的提升和人格的昇華。無可否認，在企業創辦初期，很多小企業主是因為走投無路找不到工作才自己解決自己的生存和出路問題的；即便是現在的自

主創業，也同樣是要求你首先有擔當的精神，要自己為自己負責，自己解決自己面臨的所有問題。在企業剛開始的時候，無論誰都有個生存、盈利和再投入、再生產的過程。一旦企業上了軌道，小企業主無論主動還是被動都需要擴大再生產和僱用幫手，也就是說，他主動或者被動地為社會創造了就業機會。有了員工，企業主就有了管理和技能分享；他還應該按時支付員工的薪水和提供或多或少的一些福利；這些，都讓你產生「當家作主」的主角意識和責任感。在現實中經營的或大或小的公司都不等同於文藝作品中的勞資關係。現實中更多的是協定、信譽和共存共榮，勞資之間是一個巴掌的兩個面，誰離了誰都行不通。所以，現實中的僱傭更為實際和更融洽一些。不僅僅是雇主，即便是雇員，也都會為曾經的共事而有情感上的連繫和共同的歸屬感。當企業做大到一定程度，從員工的人數和納稅的金額以及對社會的引領和回饋等各方面都展現著企業與社會的關聯和共享、責任和貢獻、榮譽和成就，凡此種種，都是一般人難得體驗的精彩經歷，是一個企業家的驕傲和魅力，也是企業家最寶貴的資產。企業家精神和他創造的社會價值，都是服務社會和推動社會前進的、和其他精神文化遺產一樣寶貴的社會財富的一部分。而這方面的創造和體驗，只有你成為或大或小的企業家的時候才能逐步親身體會。

因此，我們說，當企業家為社會創造無限價值的時候，他同時也把自己鍛造成了無與倫比的社會瑰寶。我們社會的進步就是由無以計數的人共同創造的精神財富和物質財富推動前進的。企業家和科學家、藝術家一樣是我們社會不可或缺的，只不過他們創造出來的，更多的是為我們提供日常生活所需的生產和消費品等生活保障類的東西。正因為許多的企業家就生活在我們周圍，他們看起來就像鄰居一樣的平常和平實，我們也就像享受空氣和陽光一樣地享受著企業家們環抱在我們生活周圍的各式各樣的貢獻。

第八章
財富的層次

至此，我們已經基本上了解了一個人從年輕時候開始的積蓄、投資對他建立財富人生的價值和意義，及早設定人生目標和開始投資行動對人的一生成功累積財富、保障品質生活有顯著的影響。那麼，下一個問題是，究竟擁有多少才算富呢？是否有一個可以衡量、掌握和實現的財富標準呢？事實上，一個人人滿意的財富標準根本不存在。對於大多數人來說常見的回答有兩個，一個是籠統的回答叫「夠花就好」，另一個更不著邊際的回答叫「多多益善」。如果是這樣的回答實際上還是沒有對這個人人關心的問題作出切實的回答。

　　事實上擁有財富的程度與人們生活舒適程度之間有一種正相關。擁有可以保證生活品質的物質基礎，是建立人生幸福的前提條件。在一定程度內，財富的成長可以帶來幸福度的成長，當收入升高到一定程度的時候，這個作用就消失了；也就是說，財富成長到滿足人的全面需求之後，對於幸福度的提升就沒有作用了。如果這個交界點的標誌叫做富裕的話，那麼，它不失為一個可以作為參考的奮鬥目標。在你獲得了穩定的工作和收入以後，一定階段內，倍數地提升你收入的數額對於生活滿意度和人生幸福度的提升有著極大的推動。

　　以下的幾個階段性薪水倍數或許可以讓對財富感覺不清楚的一張白紙似的年輕人有一種定位性的啟發：你的財富層次決定著你的生活方式，決定著你生活的舒適度和自由度；在金錢成為負擔之前，它都會幫助建立和提升幸福感。

　　我們以薪水的倍數作為參照，將財富的層次劃分為四個感覺標準：

一、三倍薪 —— 什麼叫寬鬆

　　無論你生活在哪個國家哪個社會，都有一種你熟悉的行為叫「較勁」。較勁是人所具有的一種心理，大多數人認為這是一個貶義詞，但是生活在社會群體中的人們無法逃脫與人比或被人比。較勁也不是一點好處也沒有，它可以讓你產生一種動力想去達到別人一樣的水準和狀態。人類社會中的很多事情是比出來的，誰比誰長得漂亮，誰比誰受歡迎，誰比誰更貧窮，誰比誰更幸福。如果完全沒有比較的話，可能也就少了一種推動力而發展緩慢。

　　當賺錢比人多的時候，很多人的幸福感就會像潮水一樣慢慢湧起，靜悄悄地滋潤心田。尤其是當同儕們拿著一份死薪水而你多賺了那麼三五倍的時候。財富不僅可以帶來世俗的快樂，而且可以決定現代社會中人的生活水準和消費等級，它還可以挑起人的羨慕、嫉妒、恨，讓很多人對擁有財富的人另眼相看，仰視裡面又包含著複雜的情感，愛富和仇富相互參雜，使富裕者產生勝利者的快感之後又遭唾罵；但是當人們的財務狀況改善、更新到富裕人士之列以後，他們先前的立場又會轉變。

　　在你擁有一份穩定的工作之後，跟你的同事一樣每個月會準時地收到一份薪水。這份薪水對於你的生活有著保障作用，對你的生活方式也有著某種程度的決定作用。畢竟我們生存的社會裡，金錢還是一種通用的通行證 —— 柴米油鹽、衣食住行全部以金錢支付的方式獲得，無論你擁有什麼 —— 學歷、教養、品味、氣質、名聲、地位，還是得用金錢來支付帳單。雖然有錢說話不一定大大聲，但若是阮囊羞澀自己也會覺得沒骨氣。辛苦工作一個月後，領來的那份薪水在除去餐費、通訊、交通之後就感

到它的微薄：得給媽媽一點買菜錢，自己想要一支新手機，還要帶女朋友去餐廳，做什麼都得省著花。很多人時常感慨著：「要是能夠翻倍就好了！」。

多出一倍的收入並非不可能──如果能達到同儕的 3 倍那就更好。不要說多出 1 倍、3 倍薪水，即便是多出幾百塊馬上會讓人產生寬鬆感和愉悅感，並且能讓很多人大大地鬆口氣。假如伸手就能夠摘到枝頭的蘋果就像賺正常的薪水，那麼，用力跳一下摘一個又大又紅的蘋果要不要試試呢？3 倍薪，就像需要用力跳一下摘到的紅蘋果，一個不是很難但是可以實現的、令你在一段時間裡非常欣悅的屬於個人的數字，一架讓你在一生中提前起飛的財富滑翔機，如果在你起步的最初幾年裡，你嘗試並且實現的話，那麼你就踏上了人生的第一個財富臺階。

怎樣來實現 3 倍薪呢？這裡有許多人都以他們出其不意的方式採摘到了他們的人生中的第一個「紅蘋果」：

小全是一個電視記者，也是一個基金迷。他定期、持續購買基金。他的目標非常明確，收益回報控制在 10%～ 15% 左右。他非常高興地說，他每年從投資市場都可以拿回一個以上的年薪。除此之外，他還以在媒體工作的技術專長，在業餘時間幫人拍攝婚禮錄影和廣告片，紅包和外快收入就抵得過一份薪水了。

王小姐初入股市的時候只有 1.6 萬元的本金。那個時候她是第一批股民。入市 3 年後，在股市瘋狂成長的階段，她賺到了 50 多萬元。這筆遠遠高於當時薪資不知多少倍的錢後來成為她的創業基金，她用它創辦了自己的第一間公司。

紫杉在大學工作的第二年就出版了她的第一本學術專著。僅僅稿費就是

當時月薪的 13 倍。在以後的 10 年裡出版的 3 本書不僅讓她的人生邁上了一個新臺階，獲得了職位的快速晉升，收入自然也高出同齡人一截。她說，那相當於薪資 13 倍的稿酬，大大地緩解了剛剛步入社會前幾年那種普遍的捉襟見肘的窘地，早早的成功所帶來的快感更使她步入一個良性發展的職業軌道。與同齡人相比，她的人生和財務目標也得以提前 10 年被實現。

通常來說，按照常規你需要在工作中勤勉努力，然後會按照資歷和表現獲得提拔和加薪，根據表現不同，每年加薪幅度大概在 3%～ 10% 之間。大約在工作 5 年以後，那些表現良好的核心員工大致上可以得到相當於 2 倍左右起步薪資的年收入；但是這部分的幸運者不會太多，只是公司裡的佼佼者。如果你的工作表現停留在一般的狀態下，那麼，不用再多想了，趕緊從投資方面來進行突破吧。用你儲蓄的可以用於投資的基金進行投資，買基金、股票和信託產品或者是投資於你拿手的其他管道，爭取每年收穫到 8%～ 15% 的投資報酬。

讓你的錢先滾起來。如果你已經涉入房產，哪怕只是分租你隔壁的空房間，轉租的差價可以輕易地讓你賺回半個月的薪水。當然，如果你有朋友先行一步投資了生意的話，那麼入一點股，每年賺回來一份分紅也不錯。

不管怎樣，如果你能夠在你人生的第一個 10 年裡，動用自己的積極性開發自己的潛力，藉助於你儲蓄的第一桶金和你的人際網路，增加收入管道讓你的收入實現倍增。當你收穫數倍收入的時候，你會明顯地感到手頭的寬裕和心中的甜蜜和自豪，不僅提高了生活品質還增強了成就感。3 倍薪通常很容易在你工作了幾年之後、對一些事情有了心得而後實現。3 倍薪雖然不會使你大富大貴，卻可以使你的生活相對地寬鬆和舒服，從而擺脫那種天天手緊被餓狼追趕的感覺。更為重要的是，在你人生出道的第一個階

段所達到的這個堅實的財務目標，使你在一開始的時候就出類拔萃占盡先機。只要你保持這種狀態，即可保障你的財務狀況處於安全和領先地帶。

許多勇於嘗試的人都在他們的 20 多歲、30 來歲之前從各種各樣的市場上領回了他們的第一桶金；很多人創造的數字遠遠高於他們起步薪水的 3 倍。所以，動動腦，想想什麼是你喜愛的和能去鑽研的，大膽去嘗試，找出那個可以使你牽回利潤的，適合你自己的項目，讓它成為點亮你人生的第一個亮點吧。3 倍薪不是什麼很高的要求，開發一下你的財富潛力，你就知道你其實擁有的能量非常驚人。很多人之所以一直處於表現平平的生命狀態，那只是因為他們從來不曾了解自己和發掘自己，他們不曾發揮自己的天賦和專長，也不曾正視和思考金錢問題而已。

二、五倍薪 ── 什麼叫舒適

如果你已經有了前 10 年職場打拚和投資領域的雙重耕耘的話，你就會同意我的說法：在職場上成功地提升薪酬 3 到 5 倍是遠比在投資領域提高回報更困難的一件事。這是因為，職場上的行政管理和薪資體系不是針對你一個人而設定的，那是相對於大眾的一個公平的價值體系。所有因為優異和卓越表現而提升職位、增加薪水的人首先必然只是少數，其次得到加薪的幅度也不可能太高。表現優異得到加薪的人數通常不會多過員工比例的 20％，在一定人數的固定的職員中進入前 20％，意味著你確實表現不俗，並且在人際關係、運氣和機遇等各個方面都保持平順和諧。而加薪幅度太大反而會引發更多的問題。現實中也不乏這樣的案例，或許你已經很優秀了，只因為前面排著一個資歷比你老的職員，你就幾年無法踰越過

擢升這道屏障。相信許多人都曾經遭遇過類似的不如願的事情，與臆想中的成功失之交臂。

在職場上加薪升遷是所有職場人士的期望，自然也就成為所有人關注和競爭的焦點，因而「向上爬」的升遷之路其難易程度可想而知。無論你自身多麼努力，畢竟有許多外在因素仍然會影響到你的前程。而這個「前程」實則蘊含兩層含義，其一是職位上的提升，其二，恰恰是影響生活品質方面的薪水的增加。如果說你必須耗用一生中非常重要的一、二十年時光在職場上與你的同事和朋友角逐那20%的成功機會的話，那麼，這樣成功的代價就非常高了，並且機率也不會太高，這就是為什麼許多職場人士注定了所求無果。正如你觀察到的，在職場上壯志未酬的人是大多數。這些人辛勤工作一輩子，不是因為工作態度和工作成績不合格，他們之所以拿著普普通通的薪水，僅僅是因為在任何的資本體系下運行的單位必定會考量成本因素和其他綜合因素，而不會同意讓絕大多數表現良好的職員有超出預算的幾倍的加薪。

所以，你必須另闢蹊徑。當你明白成功的職業不意味著成功的個人財務和個人生活的話，你就不會再把職業升遷和財富累積捆綁在一起。你必須找出在財務上的突破以尋求你生活的保障和舒適。事實上你有許多機會讓自己殺出個人財務的重圍，並且繼續開心地留在職場上。方法就是你必須額外地做些什麼，挖掘潛力並且動用你的知識和資本，向著你的目標奔跑。

出社會 10 年之後，你不應當只收穫了家庭和孩子，還應該磨練出至少一種的拿手本事，來讓你的總收入達到薪水的 5 倍，以保障全家老少有一份安定舒適的生活。

在這 5 倍的收入裡，繼續保持一份薪水收入作為生存所需。鑒於你已

經擁有 10 年的受薪資歷，你應該已經成為單位裡熟練的技術或者管理核心，不僅可以獨立地工作和作業，並且很多人已經可以達到管理他人、培訓新人的程度。因此，很多這個階段的職場老手已經被委任到中層甚至高層管理職位，或者是在薪水方面有了不小的提高，通常此時的薪水已經是初入行者的 2 倍以上了。那麼，不需要你過於操勞，你只需要繼續保持在上個 10 年裡我們傳授的那些基礎運作方式，繼續儲蓄，繼續發掘投資管道和提升投資的能力，開始關注和發現新的「搖錢樹」項目和提高投資報酬率，穩健地增加你的投資收入。如果你這樣做並且留意總結前幾年的投資心得和準確掌握投資方向的話，那麼，在這個時期你可以輕而易舉地獲得我們提出的使你的生活感到舒適的最低標準：5 倍的薪水收入。

作為一個提醒，在這一時期的你正是一生中最好的 2 個 10 年之一。再說一遍，你絕對應該在你 30 來歲的時候涉足房產。如果你剛好生活在一個熱火朝天的經濟熱區，包括香港、新加坡、上海、北京、倫敦、紐約，或者是杜拜、首爾、臺北、越南、印尼、菲律賓這樣的次熱門地區，那麼，你就會親身體驗到這次長達十幾年的房產高潮所帶來的巨大的造富運動的威力。如果你及時地搭上了這班車，你就明白，5 倍薪的收入甚至更高的收入的獲得不是想像的那麼難。人生最大的失敗就是，這一輩子什麼都不敢想、什麼都不去做而碌碌無為。

對於普通人的生活來說，如果你擁有了 5 倍的收入或以上，不需要我多說，你自能親身體會到什麼樣的生活水準意味著舒適、滿足和快樂。當然，這還不是最好，這也不是人生的最高境界。但是至少，你獨立了，你富裕了；如果你獨善其身地讓自己透過努力過上了富裕生活，沒有成為政府、社會、公司和父母的負擔，還有幫助他人的能力和可能，那你應當為自己感到自豪。

三、十倍薪 —— 什麼叫富足

「以一當十」這個詞十分美好，它蘊含就著一種高能量。無論是用來形容能幹和還是形容收穫都會讓人心花怒放。當你的財富能力提升到「以一當十」的程度時，你就會明白它包含著多麼大的欣慰在裡頭。可以這麼說，當財富值達到「以一當十」的時候，你收穫的決不是僅僅 10 倍的收入這樣的快樂，還有多重附加如自信、能力、實力以及創造性等多方面的滿足感和成就感在裡面。所以，當你成功的時候，你所收穫的一定比成功本身多得多。

10 倍薪是個聽起來就令人歡欣鼓舞的數字。誰不想「以一當十」呢？但是，擁有 10 倍的收入就像是在職場裡達到前 3% 的排名那樣，是一件非常不容易的事。除非你真正努力並且實現了，你就能親身體驗「名列前茅」的深切含義了，明白保持在行列裡前百分之幾的那種榮耀是多麼的不可多得。

通常來說，能夠獲得 10 倍薪的人都付出了相對於同類群體的超常努力。我們沒有辦法精確衡量和說明這種努力的強度，並且在研究中發現，能夠獲得這種財富收入的人跟年齡並沒有關係。無論年輕還是年富力強，獲得 10 倍收入的人通常都有著某一方面非同一般的過人之處。

不用想和比較，你就知道 10 倍的收入其實已經伸你開始達到或接近了財務自由。它不僅讓你感覺在生活中非常之寬鬆適意，並且帶給你非常的自豪感和成就感 —— 這並不意味著此時此刻你已累積了好幾百萬 —— 而是說，當你具備這種能力的時候，你可以輕而易舉地想像那些個百萬對你來說已經不是不可能的任務了。研究發現，金錢能夠帶給你的快樂指數

在你實現了生活溫飽和滿足之後就不再大幅度成長了。這之後能夠使你快樂成長的就是你的成就感和幫助他人分享的快樂了。10 倍薪不是意味著一個絕對的數字，而是意味著一種超越自身、超越他人的能力展現，這種能力的保持和繼續發揮才是創造源源不斷無以計數財富的真正泉源。這是一種非金錢本身的突破。它所帶給你的除了這 10 倍的收入之外，還有一個無窮的信心：你相信任何事物都是可以掌握、可以創造、可以更新、可以觸類旁通的。從此，它打破束縛你的框架和層層禁錮，它放飛你的精神，它教會你把「不可能」變成「可能」，並且引導你去發現將「不可能」轉變成「可能」的捷徑和路途。這才是 10 倍薪帶給人的最有價值的貢獻。

通常地，擁有 10 倍薪能力的人都有過人之處，他們此時不是高級管理者就是創造者，或者是在某一方面有過人本領的人如發明和設計。不能不承認的是，他們跑贏了絕大多數人和遠超平均程度，他們是領導者和實現者。

四、無限財富：百倍薪 ── 什麼叫超越

你想知道什麼叫卓越的話，如果我們庸俗地、感性地以一種金錢計價的方式來描述的話，那麼可以用百倍薪作為財富能力等級的概括。如果一個人可以擁有賺到別人賺到的上百倍的這種能力，那麼，除了羨慕和學習人家之外，還有什麼要說的？傑出、卓越就是這麼回事。你每年可以賺 5 萬美元，人家每年可以賺 500 萬美元，你和人家除了有運氣之差之外，肯定還有某方面的能力之差。卓越意味著較之於絕大多數人都沒有的非凡表現，超群絕倫、技高一籌。

儘管有人以十分鄙視的態度稱這其中的一些人叫「暴發戶」，但是無可否認的是，隨著這些財富大鱷的出現，他們中的許多人做到了對於財富的高度駕馭和隨心控制；並且，他們中的許多位早已經在為很多很多的員工發薪資，為他們所處的國家和政府支付高額的稅金，為他們生活在其中的社會團體和社區做出著慈善和捐獻。除此而外，很重要而有趣的是，他們像奧運運動員一樣，以他們的努力不斷地刷新著財富新標竿，除了為大眾帶來更多更令人興奮的財富話題以外，也的確激發了大眾的更高漲的財富熱情，不是嗎？

基本上，有能力實現百倍薪水的人都可以進入大眾的財富榜樣行列，他們每個人的財富故事都可以成為教育小孩子的勵志故事和成年人研究模仿的對象。我們耳熟能詳的財富故事中，無論比爾蓋茲、巴菲特還是新出爐的財富新貴馬克·祖克柏，無論是貝克漢（David Beckham）、湯姆·克魯斯（Thomas Cruise）還是身價越來越高的章子怡，首先他們都有一個動人的打拚故事。其次，無論是姚明的新基金還是湯姆的離婚代價，不管是有關於李嘉誠家的財富分家，還是賈伯斯的蘋果公司一度以 6,200 億美金的公司價值超越多少個國家 GDP 總和的財富傳奇，他們的財富經歷都是如此撼動人心，他們的新思維、舊手法都能引起人們的極大興趣和熱議。

有能力實現人都是財富的主人。他們創辦企業、設立工廠，他們別人發薪水給別人，他們創造了大批的就業機會，他們發行股票，他們也做慈善。這些年收入百萬、千萬的鉅富們，我們應當怎樣看待他們？怎樣看待他們龐大的財富和他們不斷引發的感嘆和爭議？這些在任何一個國家裡都沒有定論，只是有一點相當諷刺，在大家對財富議論紛紛的時候，絕大多數人並不排斥有一天自己突然成為財富的主角，並且認為如果奇蹟發生了那叫「好運氣」。這就是人們對財富的雙重態度。

值得肯定的是，隨著時間的推移、社會的進步和人們觀念的改變，人們對財富的認識也越來越深入、越來越全面，不再簡單地肯定和否定，而是注重財富所帶來的結果和社會價值。對人們影響比較大的觀點有「國富論」和「仇富論」，無論人們抱持哪一種觀點，社會還是要發展的，繼續創造財富依然是不會改變的共同行動。如何「均」財富，縮小貧富差距，達到全社會的共同富裕，這是一個相當艱鉅的任務，還需要人們繼續探索。

　　無限的財富，通常也給人類社會帶來無限美好。如果沒有人類創造的巨大的物質和精神財富，人類社會繼續存留在刀耕火種的時代一成不變，可能我們現在就沒有興趣去談什麼創造了。

　　令人欣慰的是，財富大鱷們對於財富認知的昇華也讓人們對他們刮目相看。巴菲特提倡的對富人徵收高稅率，比爾蓋茲提倡的捐出全部財產，許多國家包括新加坡在內的政府支持的以捐抵稅政策，都在努力地平衡著、引導著社會對於財富的原則性流向。越來越多的公眾行為表明，人性中善良的成分占據著主導地位，人們努力創造財富的同時，也越來越多地回饋社會、分享財富。財富在流向富裕人士的同時，也在不停地分享給更多的人，回歸大眾。你去看看世界各國那麼多的大學、博物館、社團組織和慈善團體收到的捐款記錄和受援助支持的社會公益專案，說明財富自始至終都在人類的博大愛心和希望中永不停息地造福著人類，傳播著人類精神追求中的美好。

第三篇
財富管理

第九章
你家的財富管理

你可能聽說過和接觸到一些財富管理的東西。很多人認為財富管理跟他們沒有關係 —— 那都是富人們的事情，等到我有了足夠的錢再來談財富管理吧。這是因為的確有很多人沒有太多的錢，「月光族」和沒有儲蓄的人大有人在。另一方面，所謂的財富管理，在過去只有大銀行的私人銀行部門才有做，一些世界級的大銀行把財富管理的門檻提得很高，比如至少300萬美金的開戶門檻，或者根本就只為千萬富翁們提供服務。如果你已經踏進了這樣的財富門檻，那就不需要再讀這本書了，你應該去學習更高的技能以便駕馭你已經擁有的財富。只有兩種人對財富管理特別有興趣，一種是沒有財富的人想學投資和管理自己的財務以便獲得財富，二是擁有財富的人，想留住自己的財富。

　　雖然都叫做財富管理，我們的理論有所不同。雖然財富管理都是有關財富的成長和駕馭之道，但是我們的目標不是推薦你怎樣投資金融和理財產品，而是以前瞻性的指導法則幫助你建立正確的理財觀念，以開放的心態擁抱財富，從你的獨立生涯開始，用積極的進取策略，掌握你的整體人生，讓你透過個人的長期努力，從沒有太多錢提升到身心富裕的大愛階層。創富和財富管理，是現代社會制度下夢想富裕的人們另一門必修課。

一、財務知識與財商

　　無論你現在學的是什麼科系、做的是哪一行，在獨立生活開始的時候，最好還是學習一些有關財富的知識。先不要預設金錢的道德屬性是好是壞，無論金錢好也罷壞也罷，你這輩子恐怕都甩不掉它了。我們已經論述過，在當代社會中由於種種原因而造成了人們智商高而財商缺失，能夠

熟練運用金融和理財知識的人大多是在社會中從事著相關專業工作的人，更多的人只是每天工作賺錢和消費而已，他們沒有機會接觸和學習投資和財務管理等這種既專業又實際的知識，很多人也不認為有必要專門去學，所以，至今不能很好地打理自己的家庭財務的人不在少數，更談不上精準地、有目的地管理和提升自己的財富了。你需要掌握一些基本的理財和金融知識。這些知識書本裡只是淺淺地提到了一點，比如利息的計算，簡單的借貸關係和一些計算公式。我們生存的這個社會並沒有也無法提供你一生所需要的全部生存和生活知識。如果不是從事財會和金融行業，普通人的理財、金融知識也只有在用的時候才想起去諮商一下銀行職員、理財顧問等有關人員以解決面臨的困惑。這種直接尋求的解決方式只是一對一地解決了具體問題，並不能夠讓你建立起全面、系統的理財知識以應對今後的生活。對於那些經常不處理財務事務的人來說，有可能一生都是空白，沒有機會去處理和解決財務問題，因而也就不具備較強的財務敏感和理財能力。看一看周圍人的生活就知道，一些人 30 好幾了還是由媽媽協助去銀行刷存摺，一些人把提款卡一手交給配偶管理，一些人甚至一輩子都沒有參與過一次房產交易、沒有簽署過一份貸款文件；幾年不進銀行的也大有人在，還有些人一輩子都沒有嘗試過任何投資。因為現在發薪水都是自動轉帳，有不少人不能準確地說出自己當前的收入是多少。不是在教你斤斤計較，但是對自身財務的無意識狀態是很多人的通病，既然你對已經獲得的財富處於一種不管和無感的狀態，那麼你對那些需要留意、細心捕捉的財富痕跡也就不那麼敏感，發家致富的美夢就只是停留在中樂透、天上掉餡餅之類的空想狀態，換句話說即便是餡餅砸到頭上也還會再溜走。確實，「家有千口，主事一人」。不是每個家庭裡的每個成員都有機會處理家庭財務方面的事情，財經和金融知識也不是每一個人都需要熟知的。即便

如此，你還是應該像學習數學、物理一樣對財經和金融知識盡量多了解一些，創業和創富都需要對這些知識有一個基本的認識，豐富財商、提高智商、發展情商無論在工作和生活中都是必不可少的，它是一種可以保障你安全、舒適生存的重要技能之一，如果沒有最基礎性的理財知識，創業、投資和管理財富都會面臨不僅僅是計算上的困難，更無法做到深入、系統化的掌握和準確決策。

二、預算和計畫

你的財富管理離不開預算和計畫。預算和計畫是任何一個理財行為前的必要步驟，它能夠讓你從預備的角度做出審視，從上而下地概覽全域性，仔細地盤整擁有的資金並且周全地使用它。編列預算可以很好地控制資金支出節奏，控制額度，排除和延後不該發生的專案，讓資金處於合理排程正確使用的掌控之中。這是財務安排的一個重要環節。編預算和不編預算，會安排計畫和不會安排計畫，對一個人的財務健康來說影響太大了，有目的、有計畫的合理支出，和隨心所欲的任意花費，對能夠儲蓄下來的額度、妥善利用投資機會和由此帶來的財富結果等等都影響甚大，對投資報酬和收益的影響也很重大。

當然預算和計畫後面不可或缺的步驟是執行。目前大家都很看重執行力，看重行動這個落實的環節，容易忽略的恰恰是執行前的藍圖 —— 預算和計畫。執行可以迅速或者逐漸地見到成效，但是很多很好的想法最終沒有達到目標，往往是因為出發前沒有做好準備，沒有規劃好路徑、沒有前瞻性地設計好應對策略和解決問題的方法，最終導致一個很好的方法在

執行中所遇到的難題面前潰敗下來。

在個人財務方面，預算和計畫根本性地影響到你以後各個人生階段的財富成果。按部就班、胸有成竹地平穩執行自己的財富計畫，和腦袋一熱突發地、隨機地天女散花式的東撒一把西撒一把地胡亂花錢和投資，其結果可能是相差甚遠，甚至是天壤之別。

所以，清晰的預算和計畫能夠保障你的財富規劃的持久性和提高承受風險能力。你必須意識到人生的許多財務規劃都需要一段時間才可以完成，一些短則數月，一些長則數年。並且，與其他方面的規劃非常不同的是，人生的財務計劃有著時間的持續性和不可逆性。任何提前終止的財務計劃有可能不僅未實現既定的財務目標，還可能帶來很大的損失，即便是沒有損失到本金，一些時間上的損失也是無法挽回的，而那些重要時機和機會的錯失更是無法計價的。比如半途而廢的各種保險計畫，掮前退保不僅損失保費而且損耗了時間；有鎖定週期的基金、信託和其他投資產品如果提前終止投資可能還會殃及到本金；原本應該考慮的理財計畫的執行如果錯過最佳時間節點，在補救的過程中可能需要付出超常的代價，比如年過 50 以後才考慮投保的人壽和醫療保險、退休前才開始考慮的養老金儲蓄等等。人生是沒有折返的單行道，按照生命的各個時期及時規劃和編列預算支出那些必須的項目，抑制和延後另一些不是必需的事項，能夠讓自己的生活更加舒適安穩，有準備地防禦那些可預見和不可預見的種種狀況，才能讓自己的生活有保障。

三、風險管理

「人生不滿百，常懷千歲憂」，憂患中生存已是人生的常態。風險到處有，天災人禍防不勝防。表現在理財方面，人們面對的風險多為各種因素造成的財物損失，集中展現在投資所面臨的不確定性和管理不善上。表現在人生中，除了人身安全之外，不作為被看做是人生的另一種風險。

針對個人的財富管理，風險管理是個重要的部分。具體的財務風險管理在金融知識裡已經有詳細闡述。這裡的風險管理並不僅僅指你投資過程中的風險有可能帶來的財務損失，還意味著一旦你決策失誤你將面臨的有形和無形的各種人生損失。

人生規劃的最大的風險是什麼都不做，白白耽誤你的大好人生，和因錯失時機造成的個人生活困頓。在一個標的上的投資風險會影響你這個標的的投資報酬，在你人生的風險管理上，沒有去嘗試，沒有去做，比嘗試失敗結果更慘：嘗試之後的失敗是一種人生體驗，它可以很好地轉化成避開謬誤達成成功的經驗，從而避免更大的失誤；而人生過程中的因忙碌、無目標、無勇氣、無夢想、隨遇而安和其他原因造成的虛度一生，恰恰是導致人們碌碌無為的最大風險。在一些著作裡，那些末日人生的最大遺憾，不是人們年輕的時候犯過了多少錯誤，恰恰是沒有去想、沒有去做的事情所帶來的無法彌補的遺憾。所以，對於想擁有幸福充實的財富人生的人來說，避開無意識、無目標、不作為的被動人生，掌握各種投資和實行中的風險技能，才能夠讓自己更加貼近成功的方向，才有可能讓自己創造出超出平均水準的財富，達到充實而富足的財富人生。

四、投資專案選擇與投資報酬

　　前已有述，投資和創富是造就財富人生的必經之路。你的財富人生中少不了投資行為。不投資僅僅依靠薪資當然也可以幸福地活著，有許多的人在退休之前依靠薪資也還完了房貸，手中也有一些養老金；但是，絕大多數的人僅僅依靠薪資的一生，相對於越來越豐富的生活和越來越高的精神需求來說，顯得不是那麼寬裕和隨心所欲。一個富足的人生注定了必須有更加多元化的收入，僅僅有少數的高薪人士可以達到憑藉單一薪水而獲得完美人生，更多的人需依靠多元的投資帶來多重收入，以便跑贏通貨膨脹以及實現理想的生活方式。這些，都需要懂得投資方式的選擇和講求投資回報。

　　一旦你涉足投資，首先必須學會兩點：第一，甄選投資方式，第二，考量投資報酬。關於甄選投資方式，各行各業成千上萬的投資機會的遴選主要看投資者個人的投資偏好、敏感點和投資技巧了。人們通常需要經過幾年、幾個類別的投資領域的不斷磨練，才能尋找出最適合自己的偏好、知識面、投資風格的投資方式，還需要能夠掌握該種類型的投資技巧，並能夠在投資過程中帶回穩健獲利的投資報酬。在日積月累的投資過程中累積經驗熟中生巧，最後成為某個類別的行家高手。

　　至於投資報酬，做得越多的人越了解，所謂的「心急」是最不可取的，穩健獲利、源源不斷勝過一切高風險的投機。即便是巴菲特，他投資的標的的投資報酬率也沒有太高，能夠長久持續的 10%～15% 的回報率已經讓很多人喝采並且足以致富了。高風險高回報，低風險低回報，追求越高的投資報酬往往伴隨著越大的投資風險。正像最好的司機不是開車開

得最快的那個一樣，最好的投資高手也不是追逐高風險高利潤的那個，而是能夠讓利潤越滾越大並且沒有致命的失手的那個。不管做的是什麼，都應該在源遠流長的時間裡穩健地成長、收割、保有和鞏固你的財富，假以時日，即便只有 20％以下的投資報酬率，你仍然可以像巴菲特一樣成就豐碩的財富人生。而另一方面，許許多多追求高回報的有志之士，因為追逐太過高遠的目標收益，在某次重大的投資失利中大傷元氣，在資金和自信心方面遭遇重創，跌入懸崖谷底一蹶不振而被淘汰出局。只有穩健獲益才能夠持久，就連巴菲特的 500 多億財富不也是用一生的耐心「熬」出來的嗎？

五、資產配置

「狡兔三窟」、「雞蛋不放在同一個籃子裡」幾乎是人人耳熟能詳的風險防範方式。在你的財富管理方面，一個十分簡便的方法是把你的財富分門別類配置為幾大類別，以滿足你不同層面、不同目的的生活需求，同時也分散風險，避免因財物過於集中造成的因某種原因導致的「全軍覆沒」。

一般來說，銀行理財部門會建議你把你手中的資產配置成若干類別，比如活期存款的緊急預備金，定期存款，保險，信託產品、基金或者股票、債券，以及房地產。

從用途方面，你可以將你所掌握的錢財分類為生活基金，教育基金，投資基金，房產基金，養老基金等等。做到每種基金各有用途，當然也可以在必要的時候靈活調整和互相支援。

無論你怎樣進行資產配置規避風險，合理利用資金和爭取投資報酬最

大化都是財富管理的最終目的。在你進行資產配置的時候,首先要考慮的是保證你的生活支出,其次,需要留出你的固定支出如學費、保險、交際和娛樂支出等;第三,如果可能,你需要儘早扣除小小一部分放入你的退休帳戶;如果在比較早的時候就將將來養老的 25 ～ 30 年的所需總費用,分解成在你年輕時候進行繳付的小額儲蓄的話,那將會容易得多和輕鬆得多。第四,用那些省下來的閒錢和剩餘資金作為投資基金,選擇適當的投資標的和適當的投資週期進行有目的有計畫的投資。

在做上述資產配置的時候,你需要將一段時間內可能發生的支出項目考慮清楚並且安排妥帖,盡量避免因為中途計畫改變或者遇急就中斷已在進展中的投資計畫,避免造成投資計畫的不能為繼而達不到投資目標,以及中斷投資計畫有可能帶來的手續費、賠償金等損失因而連累到本金的損失。

資產配置講究標的、週期、用途和功能的互補和結合,用資產配置的方法為自己織一面家庭財產安全網。這個安全網要能夠有效防範通貨膨脹、經濟危機、突然失業、大病和意外發生所帶來的風險,要能夠保證舒適生活的必須支出以及覆蓋到養老預備金,還要能夠避免資金過於偏重在某一領域所造成的風險集中。雖然像金融危機、失業和重大疾病、意外等事件的發生防不勝防,但是,聽天由命和提前的預防性的準備還是好過束手無策。針對那些非要害性的變化,這些措施不能阻止事情的發生,但是可以防止事情向更壞的方向發展;同時,對於某一方面的破壞性事件的發生,已經留有其他方式的支撐和應對,好過全盤覆沒。防災、減災、積穀防饑、居安思危是因應不可預知的災害和困境的最好的防範措施,這一原則同樣適用於家庭財務和財富管理。

六、定期盤點財務策略

　　人生是一個長遠而複雜的系統工程。財務問題將自始至終貫穿人的終生。對於個人的財富管理來說，上述的功課做了之後，下一個不可省略的步驟是你依然需要定期檢查你的財務體系和財富策略，需要定期地評估你的各項財務安排、投資報酬和各種資產配置的比率和結果。這個步驟可以十分簡單，但是絕不要忽略而不去做。

　　有人會覺得這樣做實在是花時間和太繁瑣。通常，如果在檢查你的資產體系和財富策略的時候，你覺得繁瑣和耗時，那是因為你還沒有建立起一個基本的家庭財務管理體系。在第一次建立基礎檔案的時候，是需要花費一些時間進行統計和計算、輸入，此後就容易得多了，只是在前面的基礎上加加減減和增添備註了。

　　在你熟悉和掌握了家庭財務管理方法之後，這種財務盤點和檢視常常不會花費太多時間，很多人在月底的時候花個半天就做好了。尤其是當你養成習慣，定期回顧家庭財富管理的時候就更容易。你可以以一個方便的週期，如一年、一季度來盤點以往，也有少數的人月月製作家庭財務報表的。值得肯定的是，無論你怎樣做，這種經常性的財務檢視可以讓你十分清楚家庭財務的狀況，讓你發現問題和總結經驗，也讓你更有效地安排家庭財政，更加積極地「滾雪球」。

　　至少每年檢視一次自己一年的收穫，每兩三年調整一下投資方向和策略是十分必要的。總結是精進的前奏，是提升能力的重要方法，只投資不總結，你不會找到最佳投資線路和策略。檢視和總結就是校正航海的羅盤，要始終保證的是，你的航行方向朝著你的目標、你的財富方向，及時地調整和改進、偵錯，才能勝利到達彼岸。

第十章
你的稅務規劃

美國人有一句名言：「只有死亡和繳稅是不能避免的」。過去，人們愛用「苛捐雜稅」來形容執政者對百姓的剝削，現代文明社會，大家都明白稅務是國家財政中的重要調節手段。沒有一個國家是不徵稅的，所徵得的稅收基本上用於國家的財政預算；「取之於民，用之於民」，沒有稅收，就沒有了政府的財政給付。

　　目前各個國家的稅收政策和稅率根據政府的規定有很大的不同。一般來說，高稅率國家實行高福利政策，低稅率國家相應推行的福利政策也較少一手包辦，低稅率國家的人民有許多事情需要自己為自己作好規劃和安排。不同的稅率政策不僅影響各個國家的財政收入和社會福利，也對當地居民的個人財富累積產生重大影響。

全球部分國家個人所得稅和企業稅一覽表

國家	個人所得稅	企業所得稅
澳洲	0%～45%	30%
美國	0%～35%（聯邦） 0%～10.3%（州）	15%～39%（聯邦） 0%～12%（州）
英國	0%～50%	23%
法國	0%～50%	33.33%
德國	0%～45%	29.8%
瑞典	28.89%～59.9%	26.3%
挪威	0%～47.8%	28%
加拿大	15%～29%（聯邦） 4%～24%（省）	29.5%～35.5%
中國	5%～45%	25%
香港	0%～15%	16.5%

國家	個人所得稅	企業所得稅
臺灣	6%～40%	17%
日本	5%～40%	30%
韓國	9%～21.375%	13%～25%
印度	10%～30%	34%～40%
馬來西亞	0%～28%	26%
紐西蘭	12.5%～38%	30%
新加坡	3.5%～20%	17%

（資料來源於維基百科〈世界各地稅率〉）

一、依法納稅

　　各個國家和政府都要求其國民依法納稅。每個國家根據其政府的規定產生一定的稅務名目和納稅條款，每個國家的稅法覆蓋範圍和納稅比率都各有不同。納稅被視為公民對國家的義務，違反稅法會受到法律制裁。為了方便納稅和及時收取稅款，一些國家的薪資結構裡已經提前預設了扣稅項目，在領到的薪水裡面已經把需要交納的稅金提前扣除了。另外一些國家則實行稅前收入，在每年的納稅截止日期前先自行申報，經有關稅務部門稽核之後，按照應稅額交納上一年度應繳稅金。很多國家實行累進稅率，個人收入越高，應稅的比率也越高。對於低收入者，政府會給予一定的免稅限額，在高出部分才開始計稅。同時，許多國家的徵稅條例裡也都設定一些稅務減免，對於符合條件的人給予稅務扣除。

　　公民自有了收入之後就需要面臨稅務問題。巴菲特在十幾歲的時候還沒有正式工作，但是有了投資收入以後就開始了第一次納稅。其實，人們

最早接觸到的稅務種類有可能是消費稅或者遺產稅。在幼年的時候繼承祖父留下來的一份家業或者錢財，在你還不懂事的時候就已經由父母為你代繳或者由律師在你所繼承的份額中扣除了稅務部分。除此之外，在一些國家，每天出去吃飯、買東西、住旅館的帳單中都包含著百分之幾的消費稅；等到你有薪資收入之後你就必須交納個人所得稅了。另外，在生活中，買賣房產需要交納印花稅；在實行產業稅的國家即便是自己住的房子也要每年交納產業稅給政府，更不要說為出租的房屋交納房租收入的稅金了。一些國家還實行高額的遺產稅，現在香港和新加坡都已經取消了遺產稅，繼承人不需要為繼承的房產繳納遺產稅了，但是在美國這筆稅金還可能大到令繼承人無法繼承。總之，在現代社會你是無法避免稅務問題的，即便是窮人、失業，也會有幾項和生活有關的稅務問題。無論你是企業主還是職場人士，最好還是了解一些稅務的規定和條款，並且越熟練運用它們對你的財富累積越有幫助。

二、了解稅務知識

「減稅增富」是稅務與你個人財富累積之間的最簡單明瞭的關聯和有效的致富法寶。越來越多的人開始重視稅務知識，了解自己需要為什麼繳稅和怎樣繳稅，他們關注政府的稅務政策、條規和法令，目的不是為了逃稅、避稅，而是確切地了解自己怎樣做才可以在遵守稅務法令的基礎上，合理地節省或延緩稅務開銷，達成自己財富的累積以及利益最大化。合理合法的節稅不僅是正當的，也是各個國家稅務部門提倡的，每到納稅季節，財務顧問們和報刊專欄都會老話重提地將如何繳稅、節稅結合最新的稅務政策整理一遍以方便大家進行稅務申報和節稅。

在許多國家稅務都是嚴肅的大法，違反稅法輕則罰款，重則治罪。因為稅務與你本人的關聯是如此密切，因而各個國家的稅務機關都對納稅的條款和納稅人可以合法獲得的稅務優待和稅務減免作出明確的規定和闡述，並且經常根據國家政策、民生和經濟情況進行調整。許多國家的稅法繁瑣又複雜，令很多職場人士都難以招架，無法自行申報而必須假手報稅員，比如美國和馬來西亞的稅務體系；另外的一些國家稅務申報簡單易行，基本上可以自行申報，比如新加坡。無論是需要假手於人還是自行申報個人稅務，你都需要花費一點時間來思考整理一下，或者就特定相關問題諮商一下稅務顧問，哪些是政府最新實施的政策，哪些是規定允許的稅務優待和稅務減免，這些看起來微不足道的事情，加起來可以幫助你大大地減低你的應繳稅額。鑒於稅務的支出遠遠高於稅務返還，那麼，你的稅務支出越大，你的財富累積就越少，一個職場人士無論收入高低，一生中30年僅所得稅一項就為國家奉獻幾萬、幾十萬甚至幾百萬的稅收，你一定還會涉及到幾次其他的徵稅，比如房產交易等，所以，關注稅務問題是當你已經具備納稅資格時不能被忽略的一項重要事宜，「減稅增富」就是這麼來的，因為它直接關係到了你的財富人生。

　　一般來說，財富值越高的人，也就越會主動關注稅務問題；富裕人士的稅務知識通常掌握得更全面一些、對稅務法令更關注一些，這是因為他們真切地感覺到了節稅的必要性以及實際性，合理合法的節稅使他們嘗到了財富累積的甜頭，因而促使他們更加積極主動地謀求稅務方面的綠燈。應該說，富裕人士多會尋求和追蹤對自己的財富累積有利的途徑來實現更加顯著的財務目標，而不是那麼富裕的人士恰恰因為自己累積的財富不夠多、對自己的財富關注度不夠多以及其他種種原因而漠視節稅問題。

　　典型的例子是人們對投資、創辦企業和移民的態度，十分顯然地，一

個國家的稅務政策能夠衡量出人們的價值傾向和資金流向。美國、法國針對富裕人士的高稅率政策，直接導致了國內高收入階層的遷居和移民行為；一些高稅率國家的大企業，也用轉移生產基地的方式到低稅率國家和地區，以謀求更快速的企業發展和更有利的資本累積。那些低稅率的國家無疑對資本和人才均具有強烈的吸引力，無論是對企業和個人都是有利於財富累積的。所以，了解稅務知識和法令條規，是你財富人生的重要的、不可或缺的一個環節，能夠得心應手運用稅務政策的人也會贏的更多。

三、你應該了解的稅務種類

以下稅務種類，即便是身為普通人，在你的一生中也常常會接觸到；因此，了解和正確計算自己應繳稅務，是財富人生需要考量的一個重要項目。當然，如果遇到重大財務和稅務問題，還是需要諮商專業人員以獲得最新資訊和合適的處理建議。

1. 個人所得稅

留意一下你的退休金／養老帳戶是否達到了最高限度。通常，政府鼓勵人們自己解決自己的養老問題，幫助你在有能力的時候提前為自己打算，未雨綢繆為自己儲備好一定的資金。在部分國家，如果你的這些帳戶還沒有達到最低要求的上限，每年你會有一個金額的限度可以免稅填補。還有一些項目是可以延遲納稅、減稅的，不要小看延遲 10 ～ 20 年之後納稅和立即納稅對你的影響。

2. 不動產稅

不動產稅是政府向地產、房產徵收的一種稅。為調節不動產收益，政府對房屋、建築、土地會課徵相關的不動產稅。納稅義務人為不動產的所有者，負責徵收不動產稅的政府機關會對房地產進行估值，核定應繳稅額的比率。

3. 印花稅

印花稅是對合約、憑證、帳簿等某些特定許可性文件徵收的稅種。納稅人透過在檔案上加貼印花稅票，或者申請繳款書履行納稅義務。

4. 遺產稅

遺產稅是指一個人死亡之後，他留下的財產被繼承或擁有而需要向政府父納的稅。一般同接受財產的受益人或代表人徵收。

5. 消費稅

消費稅又叫營業稅、銷售稅，是政府向消費品徵收的稅，可向批發商、零售商或消費者徵收。各個國家對不同的消費專案徵收不同的消費稅。

6. 公司所得稅

公司所得稅是以公司、企業法人所取得的由生產、經營和其他方面的所得為考量而徵收的一種稅。目前，世界上許多國家都將公司所得列為所得稅的重要徵稅對象。身為創業者，因為是公司的擁有者，需要了解多方面的公司稅務問題以保障公司合法健康發展和有利於公司的財富累積。

四、常見節稅妙招

「減稅增富」是非常實際的降低開支方式，它是累積財富的一個最簡單有效的辦法，並且在毫無損失中立竿見影地減少支出，從而留下更多的你已經擁有的財富。所以，就連稅務機關的工作人員也非常樂意幫助你取得應該的減免稅額，這些大家都應當了解的最基本的稅務優待和稅務減免你一定要知道怎麼去使用哦。

▨ 1. 退休金／養老帳戶的上限要放足，填補有稅務免除

留意一下你的退休金／養老帳戶是否達到了最高限度。通常，政府鼓勵人們自己解決自己的養老問題，支持你在有能力的時候提前為自己打算，未雨綢繆為自己儲備好一定的資金。在部分國家，如果你的這些帳戶還沒有達到要求的上限，每年你會有一個數額的限度可以免稅填補。免稅的那部分收入是不必納稅的，並且減少的這部分收入額還可以降低你的稅務等級。還有一些項目是可以延遲納稅、減稅的，不要小看這些免稅額度和延遲納稅，每年的額度都有效利用和沒有利用所帶來的累積效應是很可觀的，延遲 10 ～ 20 年之後納稅和每年即刻應稅對你的財富累積影響相當大。

▨ 2. 家庭成員、老人和殘疾人士有一定的稅務優待和稅務免除

在一些國家，需要供養的子女、贍養的老人還有僱傭的幫傭，政府都提供一定額度的稅務扣除；志願役士兵和殘疾人士也有稅務優待；一個家庭在享受稅務優待和稅務免除之後，普通收入的職場人士基本上可以將應稅額減到一半或更多。降低稅務支出相當於增加財富。

3. 留意你的稅務級距

稅務是和你的收入等級相關的。收入越高，你需要納稅的稅率也越高。需要納稅的稅率是階梯式分段遞進的，因此，中上以上收入的職場人士在加薪的時候就需要特別留意一下收入的增加所帶來的稅務方面的影響。尤其對於高收入階層來說，一些關鍵性的稅務節點常會使你的應繳稅額大幅度跳升。因而高等級薪資收入者也常常向雇主談判，試著將一些收入劃為額外的不需納稅的福利津貼，從而避免稅額大幅增加，以此來控制和減少應繳稅額，避免「升遷以後遭罰款」。

4. 利用投資進行減稅

各個國家都會有一些政府鼓勵的免稅或減稅投資專案。

例如退休金、養老金帳戶裡面的股票投資是免稅的；購買信託產品、債券和投資房產的利得也是免稅的。留意一下你所在國家的退休金／養老金帳戶的投資規定，了解哪些投資是可以免稅的，哪些投資所得是低稅額的，哪些投資是可以延遲納稅的。職場人士在長達 20 ～ 30 年以上持有的這些帳戶裡面的錢，就可以按照規定動用它們進行投資，減稅或者免稅的同時賺取更高的回報，而不是在你最需要使用錢的時候先繳納大筆的稅款。在投資節稅方面，富裕人士總是善於靈活地、最大限度地使用這個條款，用投資的方式免稅、減稅和延遲繳稅，因而他們手中可以利用的財富資源也總是更為充沛，而沒有投資的人則按時繳納稅款，甚至比富裕人士繳交的稅率還要高，對於這種因稅務引起的財富加速分流所帶來的富者愈富、窮者愈窮，不得不說是一些從來不考慮納稅技巧的中高等收入人士的缺憾，雖然還不是非常富有，但是學會節稅同樣非常重要。

▨ 5. 創辦企業

　　世界上最富有的富豪階層中約有一半的人的職業是企業主。各個國家對於創辦企業都有很多優惠政策鼓勵經濟發展、改善就業和使人民自己變得富裕。例如，新註冊的企業前 3 年可以享受部分利潤免稅和減稅待遇；在政府指定的區域裡開設公司可以享受減免稅待遇；創辦政府大力提倡的新興產業可以享受額外的稅務優惠等等。更廣為企業家們運用的一點，就是利用盈利投資擴大再生產，而避免直接納稅的做法。還有，營運的企業有許多項目可以進入經營成本而使得盈利減少而減少直接應稅。如果你已經嘗試過創辦企業，你就知道企業可以在很多方面享受稅務優惠和如何進行稅務調節；即便是很小的企業，都可以讓你減少更多的稅務支出而增加更多的財富收入，這一點，請參考《窮爸爸，富爸爸》叢書裡清崎精妙全面的論述。

▨ 6. 留意時間因素對稅務和財富的影響

　　前已有述，金錢會隨著時間的作用而發生巨大的變化，此時此地的一塊錢明天就不一定是一塊錢。當巴菲特撿起遺落在地上的一枚硬幣的時候，他意味深長地說：「誰說這一塊錢不是明天的一百萬呢？」妥善地使用今天在你手中的錢，可以讓你的明天更富裕。表現在納稅方面，時間的節點也一樣會影響你的財富值。

　　比如說，新加坡政府在 2010 ～ 2013 年間連續 7 次對房地產施行降溫措施，其中一項重要措施是從房產交易的印花稅下手的，透過提高印花稅來遏制投機炒作，針對購買和轉讓房產的稅率制定特別規定：外國買家必須多付 10％ 的印花稅；如果需要轉讓房產，第一年購買就賣出的須支付 16％ 的印花稅，第二年 12％，第三年 8％，第四年 4％，四年以後沒有額

外稅金支付，以此來遏制房屋炒作。這項稅務政策就使得投資房產的人必須掌握投資的時間節奏，因為在規定的時間裡的轉讓炒作有可能產生大量的稅金支出，使得投資無利可圖。

另一方面，企業所得稅的繳納也是一樣，許多企業更樂意將利潤轉化為再投入，如果早早地兌現利潤，將產生大筆的稅金支出；如果可以更好地利用這些賺來的錢來擴大再生產，聘僱更多的員工，可以不需要銀行貸款而進行更多的生產和滾動，從而製造更多的利潤。國際上很多大企業就是這樣發展的，利潤率不是很高但企業發展很快，一些超級企業就是因為滾動快而發展迅速。擴大再生產需要招收更多員工，創造更多的就業機會可以解決社會問題，緩解政府就業壓力，解決迫切的民生問題，這也是為什麼政府支持企業發展的原因。多繳稅是重要的，但是，多繳稅並不能為企業帶來更多活力，擴大生產規模必然帶來更多的企業利潤，最終企業的蓬勃發展比單純的納稅更具建設意義。這是各個國家的政府更樂意看到的。所以，政府才為企業提供更多的稅務優惠待遇，鼓勵企業合法快速地蓬勃發展。

7. 慈善捐助免稅

我們生活的這個世界非常美好，這是因為人類是種高等社會性動物，彼此的關愛和扶持使社會成為一個大家庭，因為有了愛，世界更美好。生活中有許多事情是比金錢更重要的，奉獻和捐助便是金錢使用的最高境界，這種善舉不僅發揮了金錢的實用價值，還附加了人類愛心在裡面，「人人為我，我為人人」，因為有了相互扶助，主動的關愛超越了金錢和財富的實際價值，讓社會更緊密、更安定、更具凝聚力，因而，作為對這種美好行為的鼓勵，許多國家都實行了捐助免稅的這項政策。

歷史最為悠久的系統性捐款，應該是源自基督教的「什一奉獻」。教徒們自願地拿出收入的 1/10 捐獻給自己所在的教會，這種體制直到今天還在許多國家的教友教會之間流傳。捐款是一種主動的奉獻，對社會和團體的一種回饋，有許多人在他們的孩提時代就和父母一起做這件事，或者是錢、物的付出，或者是做義務的工作，在時間上的奉獻。透過各式各樣的善舉改變有需要者的狀況，也由此昇華自己的精神，體驗更為充實的大愛助人的快樂。

　　由於有了這個傳統，許多國家的政府都善意地透過正向的引導來弘揚助人為樂的精神。對於那些捐助別人的人，提供於他們鼓勵性的稅務減免或者加倍免除。主動的捐助不僅可以讓人們表達他們的善意和愛心，還發揚了人類崇高的一面，回饋社會，幫助那些需要幫助的人，建構美好和諧的優雅社會。在美國，每 10 個家庭就有 9 個家庭向一家或多家慈善機構進行過捐助；在新加坡，有將近 40 萬人用自己的銀行帳戶設定自動扣繳，每個月將指定的捐助金額匯款給慈善機構。，據統計在 2011 年，5 百萬新加坡人的個人慈善捐款為 2 億 9 千萬新幣。政府的稅務機關也自動扣除他們的捐助額度，作為鼓勵建立一個和諧愛心社會，稅務機關給於相應金額 2.5 倍的稅務扣除。積極的稅務政策鼓勵更多的機構和個人為富不落人後，並且也使自己的納稅行為帶來更多的自動自發和奉獻的自豪感。

　　成為百萬富翁、過上美好的生活並不是人生的終極目標，僅僅完成財富的累積，擁有財富人生，只能說是在物質層面你實現了自己的需求 —— 但你肯定不止於此，歷來的功成名就擁有物質層面富裕生活的已經獨善其身的人，仍然會前行於永無止境的大愛精神層面，無數的擁有億萬身家的富豪的終極覺醒式的財富回饋社會，恰恰證明了擁有財富、擁有愛心的人生是最有價值的人生，愛人類、扶助社會的人們從慈善捐助上找

到了最快樂最美好的感覺，那就是：幫助他人。

很多人從報刊和網際網路上閱讀到了這樣一個感人故事：

出生在美國紐澤西州愛爾蘭裔天主教平民家庭的一個孩子，透過不懈的努力打拚，建立起了龐大的免稅名牌銷售連鎖店，在他老年的時候，他已經擁有了近百億美元的財富。他一生極其簡樸，但是卻曾為康乃爾大學捐了 5.88 億美元，為加州大學捐了 1.25 億美元，為史丹佛大學捐了 6 千萬美元；他還投入 10 億美元，改造、新建愛爾蘭的 7 所大學以及北愛爾蘭的 2 所大學；他也為發展中國家的唇裂兒童建立「微笑行動」慈善基金，提供這些兒童的手術醫療費用；他還為控制非洲的瘟疫和疾病投入過鉅額資金。迄今為止，他已經捐出了 40 億美元，76 歲的他的最大心願，就是在 2016 年前捐光名下剩餘的 40 億美元。他就是美國慈善家查克·費尼（Chuck Feeney）。

費尼能說流利的法語和日語。他喜歡自由地在世界各地到處走走，喜歡自主地選擇慈善捐助對象。在他已經提供的捐助名單上，既有向越南兒童提供的交通安全基金，有為澳洲癌症研究提供的費用，也有超越國界的各式各樣的教育資助方案。費尼為人低調，他所有的捐助都是匿名進行。他說：「誰建起的樓房並不重要，重要的是樓房能建起來」。他認為，「人們習慣於賺錢，成為富人對大多數人都很有吸引力。我並不是要去告訴人們應該做什麼，我只是相信，如果人們能為公益事業提供捐助，他們將從中獲得巨大的滿足。」

費尼為富豪們做出了一種榜樣 —— 享受生活的同時做出餽贈。據說，費尼的思想影響了許許多多的美國富人，其中就包括了比爾蓋茲和巴菲特。

世界首富比爾蓋茲在從微軟總裁的位置上退下之後，將自己名下的 580 億美元全部捐給比爾及梅琳達‧蓋茲基金會，分文沒留給子女，被媒體盛讚為「裸捐」。蓋茲在接受英國 BBC 訪問時表示，將把自己的 580 億美元財產全數捐給名下基金會的做法，是希望「以最能夠產生正面影響的方法回饋社會」。他認為名下鉅額的財富，「不僅是巨大的權利，也是巨大的義務」，這和美國富豪對鉅額財富的最終回歸的另一個倡導者，鋼鐵大王卡內基（Andrew Carnegie）的財富思考殊途同歸：「在鉅富中死去是一種恥辱」，所以，在費尼之後有比爾蓋茲，在比爾蓋茲「裸捐」之後緊隨著有巴菲特。而目前，比爾蓋茲和巴菲特不僅自己身體力行，而且號召全球富人捐贈出他們的全部或部分財富。

　　所以，給予時間，給予耐心，給予倡導，給予期望，相信這個世界充滿愛，相信美好，相信人類的精神創造非凡，人間需大愛，而天堂裡不需要金錢。捐助和創造一樣，是人類行為中最崇高最美好最有價值的行動。

第十一章
規劃退養

關於退休，是一個有著多種不同反應的話題。一些人，尤其是沒有工作太長時間的年輕人，在經歷過一兩次職業停滯期之後會萌發第一次的退休想法，發出想要「40 歲就退休」的慨嘆。當然，多數人只是說說而已，生活還要繼續，他們中的絕大多數不是根本就沒有退休條件，就是退下來休息了一陣子之後，就又一次回返工作崗位了。還有一個極端是那些快到退休年齡的人的「惜日情懷」，了解不久的將來將永久地退出人生的工作舞臺，將永久地失去固定的薪水而依靠養老金度日，心中湧現的可不僅僅是退休之後的無限輕鬆，還有一份不能承受之輕。同樣地，對於那些早已功成名就、不愁養老的企業主來說，是否就可以輕鬆地一退了之呢？答案頗具戲劇性：他們之中的很多人十分強硬地肯定要「退而不休」：職位可以不要，待遇可以不講究，但是「不工作毋寧死」。只有一部分人，通常是那種兒孫滿堂的生活型的職場男女，可以十分順利並且心甘情願地享受天倫、頤養天年。

　　過去人們簡簡單單的到做退休，在今天社會環境愈加寬鬆、人們物質生活和精神追求愈來愈高的情形下，變得愈來愈複雜了：年輕人想退不能退；到站的該退不願退；有條件退的又不言退；一些年老體衰的真該退下來的卻因為沒有準備好養老金而無法退。

　　這是人生的最後一個難題和選擇 —— 你何時退休？如何退休？你怎樣安然度過退休後的 20 ～ 30 年？

　　可以肯定的是你的後 30 年不能和你的前 30 年比。一個蒸蒸日上，一個夕陽西下；一個處於上升狀態，一個退守步步為營；一個逐步得到，一個逐漸減少；一個懷著無限的希望成熟和壯大，一個難以阻擋地衰老直至不能自理。老年，再怎麼說豐富、成就、睿智、淡定，在大多數人眼裡也是「夕陽無限好，只是近黃昏」的尾聲，人生大幕終究是要落下的。大概

是因為老齡階段走下坡路的不甘、末日的無助和做人的尊嚴，並沒有很多人喜歡神話般的長生不老。《紐約時報》(*The New York Times*) 中文網曾經刊登一篇調查文章，針對 3 萬名現場聽眾調查的舉手表決結果：大約 60% 受訪者選擇活到 80 歲，另有 30% 的人選擇活到 120 歲，將近 10% 的人選擇了 150 歲，只有不到 1% 的人喜歡永遠不死這個想法。這個結果說明，人的生命雖然是無比寶貴的，雖然只有這麼一次，但是，一半以上的被調查者還是寧可選擇能夠自主掌控生活的 80 歲的壽命。人，與其沒有生活品質的一直活下去，寧可選擇先行一步；許多人並不願意活成「孤獨喬治」(Lonesome George) 那樣的一隻千年龜。

隨著科學和醫療保健的發達，人類活到 120 歲不是不可能。目前，一些保險公司也已經開始提供涵蓋 100 歲的人壽保險了。最近，生涯規劃也把退休後的預存活年齡上調到了 90 歲。這意味著，不管開心也好，不幸也罷，如果能夠活到 90 歲，你還是得為自己準備生活費、醫療費和居住場所。長壽以往帶給人們了無盡的期望，目前，人類實現長壽也帶來了養老負擔的增加和孤老無依的種種社會問題，這些都意味著，你需要更早地、更多地儲備養老金，更好地規劃你退休之後的晚年餘生。

一、退休的幾種形態

退休，是你人生中的一個必然階段。在長達 25 ～ 30 年的一個相當長的時期裡，隨著年齡的越來越大，你的工作能力逐步衰減，身體功能逐步退化，社會活動逐年減少，最終淡出人生的大部分舞臺，你活動的圈子也越來越小，最後變成只有家人和少數的幾個朋友相伴。在這個時期裡，十

分糟糕的是你的健康和記憶明顯地在走下坡；如果在你失去了穩定的工作收入之後，進入帶病期的老年的你，還常常生病身體越來越羸弱，假如經濟尚能自立、生活尚能自理，還算是不錯；假如到了暮年又錢不夠用，不能支付自己必要的醫藥費用，不能支付僱用保母、看護和入住老人院的費用，那才叫雪上加霜呢。隨著世界上越來越多的國家逐步步入高齡化社會，可以預見的是用於養老的機構、服務等等也會越來越緊俏，看護也日漸短缺，養老院更加一位難求，這等等的問題又會加劇一個結果：用於養老的費用也會被越推越高。

因此，人們需要防患於未然。現在就為老年生活做好安排和打算是如此的必要。在你的人生中什麼時候規劃退休都不嫌早，而且越早越好。因為如果你不是鉅富，對於普通受薪階級來說，用 30 年的時間來累積你需要在退休以後幾乎沒有收入來源時候所要花費的錢，比你用 10 年來存夠這筆錢要容易得多 —— 通常，我們會建議你在結婚、成家、生養等人生重大事件大致上都完成之後，大約在 36 歲左右開始規劃退休生活，一般來說人們需要至少 20 年左右的時間累積養老金。

▓ 1.40 歲退休

以美國作者厄尼‧J‧澤林斯基的那本《40 歲開始考慮退休》為代表，40 歲退休的觀念迷倒整整兩代人。幾乎每一個人都有所耳聞、也在自己的 40 前後考慮過要不要、能不能退休。之所以這個理論如此迷人那是因為，人們從 20 出頭開始的職場打拚，再加上之前的幾年的求學、實習時間，很多人到 40 歲的時候，已經奮鬥了將近或者超過 20 年。這在人生的旅途中是一個漫長的過程。相信人生的這第一個回合充滿了個人的期盼和全力的付出，而這個長長的充滿熱情的打拚，不管在金錢上還是在經驗上，都

使你收穫良多。那些先知先覺的和那些財路發達的人在這個時期都已經進行了成功的累積，一些達到財務獨立的人也因此進而追求更高的人身自由。他們嚮往退出職場，結束被固定時間和工作束縛的日子，開始自己天馬行空我行我素的真正自由自在的生活。自由地追求，自己決定一切，不受任何約束，做自己真正喜愛做的事情，是這一類人的共同理想和追求。而另外一部分發展不是那麼稱心如意的職場人士，雖然並沒有真擁有了像第一種人一樣的退休條件，由於此時恰好已經積壓了愈來愈多的職業疲勞和職業厭倦，再或者面臨無可遁逃的事業瓶頸和職業天花板，此時雖然沒有永久退休的條件，但是短期的調整和歇息也是轉換跑道前的一個有效做法。所以，40 歲談退休，是一種很有用的心理麻醉現象，是人在職涯中場的一種精神調整。

40 歲退休，想法可能是好的，但實現起來的難度和實現的結果未必在人意料之中。

首先，能夠真正做到 40 歲退休的人必須達到財務自由。這對很多人是一個巨大的挑戰，甚至是不可能的任務。因為能夠用 20 年累積好後半生安身立命的物質基礎的確不是一件容易的事情。再加上目前因生活水準的提升和醫療保健的良好照顧，人們自然壽命的普遍延長，如果在 40 歲退休，意味著用 20 年的工作時間，準備好從 40 到 85 歲整整 45 年的各方面生存費用，就算是不加通貨膨脹因素，計算出來的龐大數字讓許多人想一想都覺得困難 —— 除非你在 40 歲的時候已經確切地成為了千萬富翁 —— 那樣的話意味著你的前 20 年必須是非常卓越有效的，你已經十分超前地賺到了或者設計了一套系統，自動為你賺到你後半生所需要的所有支出。每個人後半生需要多少錢，自己粗略地計算一下馬上就知道那是個多麼大的一個數字 —— 一套自住房產、沒有債務和擁能供你活 30 年或更

久的生活費；或者，有一些債務你也有一個可以幫助還貸、可以提供源源不斷生活開銷的產生收入的系統。當然，如果你沒有忘記加上通膨的比率更好。而這個不是很小的數字正是阻撓絕大多數想 40 歲退休的人的攔路虎，它使你早早擺脫職場束縛的美好計畫成為泡影。

其次，對於少數成功突圍 40 歲財務防線的幸運者來說，40 歲退休的目標實現了，終於可以在絕大多數人都做不到的情況下，後顧無憂地開心退休了。你可以不工作了，可以自由自在了，可以天天都是星期天了。你會盡情地享受這難得的人生經歷，尤其是大多數人都不能享受的這樣精彩的經歷。

之後，在輕鬆地享受一段美好的無拘無束、天馬行空的日子之後，40 歲退休的前輩們遇到了什麼問題呢？如果不是財務方面的問題，那就更可能是心理和精神方面的問題。人是社會性動物，在絕大多數人辛勤工作的時候，早早跑到終點的兔子要做什麼呢？這是那些 40 歲成功退休的人該跟你分享的後續故事。

根據對這些先行者的觀察和訪談，一個不是那麼浪漫的結論擺在面前，成功隱退的尚且年輕的退休前輩們，在他們退休後的 6 個月到 3 年裡，陸續出現一個多數已退休不工作的人必然遇到的一個問題：在漫長的剩下的生命裡要做什麼？

一般來說，能夠比普通人早一段時間而完成任務者，通常是非常優秀能幹的人。這些人像龜兔賽跑中的兔子，早早地到達目的地之後，如果不用睡懶覺來打發漫長的等待的話，他能做什麼呢？當然，在現實中，那些提前退休的優勝者各有各的活法，無論是打高爾夫球、環遊世界還是安心地做個職業收藏家，根據後續觀察，答案都不是很令人振奮 —— 至少不

像為達成 40 歲退休那麼提振人心 —— 通常地經過一段時間的休息，那些跑的快的兔子們或早或晚又回到了某個職業中，或者變換了個方式繼續工作。經過了人生特殊經歷歷練的這組人，這一次對於退休的話題常常有了全然的改變，很多人從「提前退休」一下子轉變為「永不言退」。

所以，我們不認為 40 歲退休是個真實可行的道路。即便是沒有財務問題的人，在 40 歲退休，除非你已經擁有了另一個更為精彩的人生計畫，除非你已經準備好了一個可以持續終生的嗜好，如果你不清楚退下來做什麼，那麼，漫長的空虛將重新驅使你返回工作或者找點事做。40 歲可以完成終身的財務規劃，可以完成人生目標，可以賺出足夠三輩子花的金錢財富，但人生在世不僅僅是有吃有喝地活著，還有精神方面的諸多要求；如果停止日常工作，並且也沒有可以替代的、可以持續長年累月的填補精神空虛的事物的話，那麼，對於後半生剩餘的大把的時間裡如何打發你的人生，如何保障精神的充實和快樂，如何讓生命活得有意義，看起來這個命題比怎樣賺 1,000 萬要難解決得多 —— 人生還真不是僅僅有了財務保障就一切穩妥了。

2.60 ～ 65 歲退休

如果你沒有走在大家之前趕上 40 歲退休，那麼你差不多就要隨著主流和大家一樣，在人生的退休季節船到碼頭車到站地正常退休了。過去，退休的年齡被定為 60 歲或者 62 歲，現在隨著世界經濟走下坡，以及各個國家越來越多的養老金支付問題，如因生育率的降低所帶來的繳交率不足，和人們因壽命的延長所帶來的支付負擔，還有人們自己的養老金帳戶裡根本不夠用的養老餘額等多重原因，很多國家紛紛宣布延長退休年齡，鼓勵人們多工作一段時間，多累積一些養老本錢。一些國家提出退休年齡

在 62 歲，一些國家規定在 65 歲，還有一些國家提議人們最好工作到 67 歲再動用養老金。延遲退休，無疑對政府和個人都有好處，它可以減輕政府沉重的支付負擔，也可以使社會最大限度地使用人的經驗和人力資源，還可以使個人延長職業壽命、增加活力和累積更多的養老資本。延遲退休唯一的不足，是將人們享受生活的年限推遲了，對於想及早享受人生、安排特別的生活和計畫的那些人可能是個不好的消息。

絕大多數的人會根據自己的情況按部就班地選擇是應該工作還是應該退休。在這個年齡層退休的人通常能夠很自然地接受退休，也有一些會稍稍提前幾年結束自己的職場生涯。少數勤奮的富於工作熱情的核心員工，也可能會接受挽留，在退休年齡到了以後繼續留在工作職位上發光發熱，奉獻餘力。如果沒有財務方面的問題，很多人都會選擇告別職場，享受人生頤養天年。

值得提醒的是，並不是所有的到退休年齡的人都已經做好了退休前的財務和心理準備。根據新加坡公積金局的統計，年齡 55 歲的公積金會員只有不到一半的人累積夠了公積金的最低頂限，這意味著一半的會員在他們 62 歲退休之前，需要儲蓄更多的退休金。美國和香港的情況也不算太好，據統計，人們在臨近退休的時候，至少一半的人還沒有為自己的退休做好財務安排。所以，再一次提醒大家，退休金的累積要趁早，如果在青壯年的時候沒有及早考慮，在 50 以後開始累積養老金可能既沉重又無法達到比較滿意的累積效果。

3. 無法退休

這常常是社會上最悲慘的一群。這群人通常因為學歷、工作能力或者是健康原因、家庭原因造成他們在將近 30 年的職業生涯中沒有連續地工

作或者沒有得到正常的晉升和加薪，亦或者根本沒有穩定的職業以打零工為生而失去固定的津貼和福利，還有的則是因為投資失敗、生意失敗，失去了一輩子大部分存款而不得不繼續工作應付生活。

無論是因為何種原因而在年老的時候不得不繼續工作，這部分人的生活都太沉重。「手停口停」，對於年輕人來說是天經地義的，對於老年人來說就太過殘酷。在 60 歲以後，很多老年人都進入了帶病期，或多或少都有幾樣常見疾病，體力和頭腦反應能力都大幅度下降；與此同時，社會所提供的工作職位也多是給於年輕力壯的人的，能夠開放給老年人的職位福利待遇也多有折扣。如果辛苦一輩子到了老齡還要為衣食操心，為水電帳單發愁，老無所依，這樣的生活又何談幸福。美國廣播公司報導說，現在美國 75 歲以上的老人仍然有 130 萬人在繼續工作。有三分之一的美國人認為，他們必須工作到 80 歲才能過上舒適的退休生活。金融危機、房價大跌、股市波動，經濟衰退固然是重要因素，但美國人不愛儲蓄、預支消費的生活方式也是重要的原因。

雖然因為維生原因不能退休，雖然無法退休的人數僅占很小的比例，但是，有個平穩安寧的晚年依然是世界各地所有老年人的共同願望。人生是條單行道，有許多事情是不能回頭再來的；在年輕的時候勤奮工作，及早規劃退休生活，自己為自己負責，才能夠在老年的時候老有所依，過上安逸的晚年。

4. 退而不休

有退休條件而不願意退休，這群人跟不能退休的人正好相反，他們大多數是積極、活躍、勤奮、執著的人，他們中的許多人自我認知和自我評價都相當高，他們對自己的滿意度也比較高。

退而不休的這類群體通常是那些非常具有活力的一族，包括一些職場的菁英和企業主兩種群體。這種人的一生就是工作和奉獻的一生；他們的工作不僅僅只是養家餬口賺取薪金維持生存，還包含了深深的熱愛在其中。對於他們來說，工作不僅是勞動，同時還是他們的樂趣和愛好，雖然對於他們來說，愛好並不僅僅只有工作這一種；他們常常能夠從枯燥的工作中發現和享受工作所帶來的成就感和自豪感，他們常常是工作中的專家角色，是解決問題的那類人。他們將人生熱愛傾注到工作裡，對於工作常常非常投入，也通常並不太計較工作的回報，他們從工作中得到的常常多於薪水所給予的 —— 或者說，他們是自得其樂；他們是不是工作狂倒不一定，但是，他們對工作的投入和專注是一定的。正因為他們發自內在地享受工作，他們常常在到了退休年齡之後還退而不休。有的會找到另外的兼職繼續發光發熱，有的去做不收報酬的義工，有的乾脆換一家公司繼續從事他們熱愛的職業。如果不是身體吃不消或腦子不管用了，他們有可能88歲了還在忙東忙西。這一類人以專家、教授、企業主和一些異常活躍的職場人士為主。巴菲特、李嘉誠、李光耀還有你家隔壁73歲還在開計程車的那個鄰居，都是這樣的人，而且，生活中不乏這樣的人。

二、退養規劃

▓ 1. 確保你不會沒錢花

「錢很多，人沒了」固然是一種走霉運，但是「人活著，錢沒了」卻是另一種難言的悲哀，它帶來更多問題和煩惱。雖然現在的人在家可以靠兒女，在外可以靠社福機構、靠政府，但是最簡單最可靠的途徑還是靠自

己。自己解決自己的問題一是可以掌握主動，二是不給別人添麻煩。關鍵是有些關於錢財的問題是添了麻煩也不能解決的。所以，有關養老的第一法則，不是你一定要存夠幾百萬，而是確保你自己不能沒錢花。

幸福的老年人各有各的幸福。身體健康、生活富足、子女孝順、舒心快樂，這是很多老年朋友的最大願望。不幸福的老年人雖然也各有各的原因，但是，除了健康因素之外，手中沒積蓄，不能自己負擔自己的生活和醫療費用，老無所居，無依無靠又寂寞空虛，大概是晚景淒涼的根本原因。

縱觀那些老無所依的人們，年輕的時候因各種原因沒有儲蓄足夠用以養老的資金雖然是一個因素，但是，辛苦一輩子解決不了自己的養老問題的人畢竟還不是大多數。一般地，有耕耘就會有收穫，努力工作又勤儉過活的人通常可以自己養活自己。而正常工作，有收入有儲蓄的受薪階級最後不能負擔自己的養老費用，常常是因為他們掉進了 2 個無底「黑洞」：

其一，投資失敗是損失掉大筆養老金的一個常見原因。當退休了，手中突然有了一筆不少的被解禁的現金的時候，一些退休者會想到用這些錢去投資。但是如果他們不太懂得投資的技巧和風險，又遇到不良的投資顧問的誤導，盲目進行股票、基金、黃金和外匯等高風險的投資，造成失手而損失本金的事情頻頻發生。老年人要慎重看待風險，不能用「養老本」、「棺材本」來博取回報是老年投資的很重要的原則。任何時候都不要用生活費去「錢生錢」。因為，退休的人已經沒有了固定收入，一旦失去過去幾十年儲蓄的「養老本」，就再也沒有機會賺回來了。即便是兒女孝順，將漫長的 20 多年依附於孩子也免不了發生摩擦，更況且子女也有經濟上周轉不靈的時候。所以，老年人不懂投資亂投資是禁忌之一。

其二，「愛人害己」是許多老年人老來致貧的另一個常見原因。一些老人舐犢情深，關愛兒孫遠勝過關愛自己。他們不斷地資助他們的子女孫輩們，事事以兒孫為先，而被「啃老族」掏空所有。這是很多東方老年人常犯的錯誤。為人父母者總是富有犧牲和奉獻精神，沒有父母的哺育，兒女就不會長大成人。對於東方價值觀的父母來說，確保自己不要老的時候沒錢花至為重要。因為無數這樣的老人無微不至地關懷自己的下一代、貼補下兩代，自願讓年輕人「啃老」，他們把自己的晚年理所當然地交由子女們來安排，排在所有問題之末。但是，社會發展得如此之快，古老風俗並未延續，不是所有的被疼愛的兒孫都會反過來疼愛長輩的，也不是所有的孩子都是孝順的，即便是兒孫孝順、願意奉養老人，現代的社會體系也不會允許他們為守孝而不工作，他們也會面臨財務問題 —— 恰恰是「啃老族」因為財務不能獨立才更容易陷入經濟困頓，自己的財務問題都無法解決還怎麼養活老人。基於此，我們提倡為人父母者在疼愛子女的時候，就像每次飛機起飛之前航空公司的忠告 ——「在為你的孩子戴好氧氣面罩之前請先戴好自己的」一樣，在資助兒女之前，請您先解決好自己的養老問題。不要你先為兒女付出之後，自己又因老年無依而上演被兒女親人互踢皮球的悲傷故事。。

2. 退休後的開支

人沒有真正到了哪個生活階段，其實很難具體地預測哪個階段的所謂開支。

相應地，經過調查和分析粗略地估計，多數人到了老年階段，如果沒有太嚴重的疾病增加開銷，那麼，對於老年人來說生活支出將是最重要的支出，因為你無論如何都得保證這部分開銷。通常，你的生活費並不會因

為你的退休而改變多少，這是因為你不會因為退休就改變太多你原有的生活方式。而這筆生活費是你應該在退休前就已經陸陸續續存進你養老金帳戶的。如果你在退休前的幾年尚未完成這麼一筆基礎生活費用的話，那麼，很可能你連休都退不成了。

值得欣慰的是，如果你的健康沒有太大的問題，那麼，多數上年紀的人的生活開支將會有所下降；你不必再在服裝上、汽車上有大筆的開銷；有些退休的人還會從城市裡的大房子裡搬出去，變現一些現金和居住在更便宜的城市裡節省生活開銷；同時，因為收入減少了，你的所得稅也會減少；保險通常因為有連續超過 20 年的給付，到你退休的時候就不會有太多支出了，除非你需要增加額度。

但是你必須留意的是，在這幾方面或許有你想像不到的支出：一個是你未成年或者已經成年但還跟你居住在一起的子女；你通常在不知不覺，或者清楚明白地在替他們負擔一些開銷。據調查，通常是那些和我們最親密的家人在蠶食著我們的積蓄 —— 如果他們不能自立的話，如果他們習慣「啃老」的話。另一個是你老年之後總有一天會出現的幾種慢性病、大病，如高血壓、心臟病、腎臟病和癌症等。這些疾病的治療和聘請看護通常就是突然或者持續地消耗你老本的特大元凶。第三，辛苦了一輩子的你不自覺地在旅遊上花費了太多，因為你現在有了大把的時間，你外出旅遊的次數會明顯地增加，如果不加控制，吃好玩好的「漏斗」也很能漏財。

還有一個重要的老馬迷途的地方常會使得老年人在老齡時期遭遇財富重創，就是老年人的離婚和再婚。

整體來說，大多數人的退休生活都能夠做到量力而為，並且感到比以前支出減少了，感覺生活更快樂了。

3. 不要什麼都不做

「退休了就該享清福了！」這是大多數退休人士的口頭禪。對於辛辛苦苦一輩子的老年人來說，退完休享清福，翹著腳圖清閒，不是什麼不好的事情。只是為了保持你的健康和腦筋的靈活，防止因工作突然停頓下來而造成的無所事事和精神空虛，你千萬不要退休之後就什麼都不做，天天坐在沙發上看電視。研究顯示，那些退休後不再用腦的老年人衰老的速度是非常快的。工作時期的節奏和適當的壓力是保持健康和活力的動力，退休後沒有了壓力和責任，天天都是星期天，家裡通常也沒有太多的家事，那麼每天對著四面牆的被動生活將很快地剝奪你的智力和活力。有許多宣傳和各種提醒都在告誡退休後的老年人要廣交朋友，積極參與社會活動、當義工，從而讓自己的生活更充實。

而更為積極一些的，並不在乎得到的金錢回報是多是少，重返職場做些後勤工作和力所能及的服務性工作。記住，不脫離社會是最重要的事情。另一方面，那怕是區區幾百塊錢一個月，哪怕你只是去工作了2、3個小時，都會使你身體更健康、心情更舒暢，並且能夠大大地幫助到那些養老金不那麼充裕的退休人士。任何積極的有意義的事情對退休以後的老年人來說都是非常有價值的，你千萬別什麼興趣都沒有、窩在家裡什麼都不做，成為四面牆裡孤獨的囚徒。

4. 不要太早動用老本

由於從今以後相當長的時期裡，經濟的發展速度都不會再出現突飛猛進的態勢，高通膨、低利率的情形會長期存在，錢的貶值速度將越來越快，錢也將越來越不當錢用，那麼，與其能有所作為的時候就動用你的老本，不如稍微延遲一些時日──能夠多遲就多遲吧──再開始動用你的

養老金積蓄「吃老本」，這樣對你未來的時日都更加有利。如果你能夠推遲 5 年再要求動用你的退休金或年金，每個月稍稍多出來的金額，對於你將來剩下的二三十年壽命來說，非常非常的有幫助。畢竟，全球化的高齡社會已經勢不可擋，未來 20 年以後的人力成本只會上升不會下降，總有那麼一天你需要看護，那個時候你需要繳交多少錢才可以得到一個床位和聘用一個私人看護多長時間，現在誰也無法明確地告訴你。

5. 退休後的財務調整

在臨近退休的時候，你應該自己或者在財務顧問的幫助下為自己做一個綜合的退休規劃，調整和改變一些在此以前作為常態的財務安排。比如，減少一些高風險的股票投資，代替以低風險的信託產品和債券；留意一下你的醫療保險和人壽保險，看是否已經覆蓋全了你可能需要的；檢視和清償所有的貸款最好不要為自己留下債務。如果房產已經是淨值的話，如果不夠現金養老，也可以考慮反向抵押貸款換取部分現金維持生活水準。總之，把所有的事物都重新稽核和考量一次，想清楚自己的生活原則，安排好所有的財務問題，讓自己處於一種輕鬆自在的狀態，然後安然地迎接自己的黃金暮年，快樂輕鬆地頤養天年。

6. 預立醫療決定和後事安排

還有一件非常重要的事情希望你不要避而不談。你的細心和愛心將給你的至愛和家人省去許多的困惑和麻煩。

當你的財務安頓好之後，你還應該去見一次律師，諮商一下遺囑、財產分配和繼承方面的法律條規，以及在萬一發生的不測事件下所應有的預先安排和備案。

生活在現在的人們都已經比較開明了，人生在世，生老病死都是必然。如果你可以接受人壽保險基本上也可以接受遺囑，因為人壽保險其實也是一種預先安排。天有不測風雲，人有旦夕禍福；在 60 多歲以後因各種原因罹患重病和辭世的人已經不在少數。人在臨近老年的時候已經可以看開世事的無常，也比較能從容、淡定地討論和處理各種應該考慮到的事情以及對它們的預先安排和交待。現代的法律制度又是這樣的細緻和完善，只需要在想清楚之後到律師事務所簽署一下文件，就可以清楚地按照自己的意願處理好所有身後大事的安排。

　　隨著失智症的增多，有關遺產和其他事物的預先指示為萬一發生不測及後事處理留下了法律認可的依據，同時也可以按照當事人自己的心願和指令對事物進行處置。目前在許多國家，有關遺產的規劃和執行，有關安樂死和預設醫療指示的法令都已經實行。不僅老年人，並且包括許多已經成立家庭的年輕人都已經認可和接受了這類安排，希望在發生重大事故或喪失治療可能而自己又不能做出決斷的時候，按照他們清醒的時候慎重考慮過的方式不進行會耗費巨大財力、心力的無價值的搶救，或者在老年失智症發生以前，明確地分配好自己的財產、安排好家人的生活。在這個世界上，有些事情是一定會發生的，現代人希望按照自己喜歡的方式、自己的心願來安排自己的最後事物，又何嘗不是一種開明和進步呢？而對於已經步入人生晚秋的老年退休人員來說，可能比年輕人更需要清醒地做一些預先安排，做好這些重要的法律程序對於自己最親愛的家人來說，又何嘗不是一種愛的交待？如果你珍重自己和關愛家人，人生又有什麼是不能夠談論、不能夠規劃和安排的呢？

第十二章
眞正富有的精神本質

當你讀到這裡的時候，你已經從剛剛獨立走上社會的年輕人，伴隨著今生今世自始至終與你形影不離的金錢和精神活動，走過了大部分的財富之旅。相信你已經大致了解了財富在你人生中的位置，並且對自己未來的財富人生有所感知。仔細地審視過金錢和財富之後，我相信你已經建立起自己對金錢和財富的一種態度，一種更實際的、對你更有幫助的態度，這將有益於你的幸福人生。

一、窮人和富人誰更受歡迎

現在，請你思考另一個問題：窮人和富人誰更受歡迎？如果你無法一下子說出答案，沒關係，那就思考一下窮人為什麼窮和富人為什麼富，再或者，想一下，導致窮人貧困的原因和導致富人富裕的原因。答案是什麼無關緊要，重要的是你已經在思考。

如果讓大家舉手表決的話，恐怕沒有多少人願意選擇做一個窮人；但是，也沒有多少人公開地擁戴富人。這個有意思的行為說明對於金錢，雖然我們需要它、無法擺脫它，但是依然顧慮重重。

很顯然，富人們的名聲直到今天還不是那麼好。雖然報紙上電視上天天都有這樣那樣的有關富人們和財富的正面報導，但是人們對於富人的評價依然貶大於褒。雖然人們在貧富這個問題上保持相當矛盾的態度，每個人從內心裡寧可做富人也不願意接受貧窮，但是對於如何做一個受歡迎的富人，還是沒有定論。這種矛盾的態度說明人們對於富裕，對於超出小康之後的財富的掌握，還很模糊，還很陌生，對於大眾嚮往的「財富人生」還在半雲半霧裡。目前窮人與富人的對立，主要在於自身的位置到底站到

了哪一邊，是因為社會、環境、經濟基礎和自身的能力以及機遇和運氣等等造成了自己在社會上的相對的位置座標。對於這個既定的座標，無論窮富很多人並不願意接受和感到滿意，只是不容易改變罷了。毋庸置疑，貧窮的日子是不好過和不舒坦的，均貧、富式的揭竿而起往往是社會等級過於森嚴、貧富差距過大造成的，幾千年前「王侯將相寧有種乎？」的呼聲代表著一種身分、地位、財富、人格的平等訴求，代表著求新求變和改善自身命運的要求，但對於目前的社會體制來說，很多國家都已經積極地推廣社會公平體制，鼓勵個人奮鬥，扶助弱勢族群，盡量提倡公平和自由的個人成功之路；對於個人是否能夠在有生之年過上好日子，享受幸福人生，某種程度上責任在於個人，而不完全在於社會體制了。

富人的形象問題是個值得深思和探討的問題。在過去，富裕往往和王權、等級、欺凌、剝削和壓榨聯繫在一起。幾千年來的歷史都只記載了王侯將相、宮廷貴族、軍閥勢力、奴隸主、資本家的掠奪式的財富積聚，根本談不上普羅大眾式的平等和富足。對於那些血淋淋的奴隸時代，獨霸一方的封建社會、攻城掠地的資本主義的發家史，被剝削和被壓榨的大多數當然嗤之以鼻，他們的財富被馬克思（Karl Marx）、恩格斯（Friedrich Engels）斥之為「每個毛孔都滴著骯髒的血」，幻想建立烏托邦式的平等與美好。到目前為止，理論探討尚在繼續，社會實踐仍在不斷發展。雖然說社會的生產力和科學技術都大大地發展和提升了，社會公平體制在許多國家也都有不同程度的改善，人民擁有的財富也已經今非昔比，但是完美的、全社會共同富裕的發展模式暫時還沒有找到。目前無論是資本主義國家還是社會主義國家，大家都還沒有從根本上解決貧富兩極化的社會問題，還沒有實現全社會盡善盡美的分配體制。相對於百多年前明顯不公的社會體制來說，只是建立了相對公平公正、有法可依的生存環境，以及有保障的

現代基本生活體系。貧富差距依然是許多國家面臨的難題，依然是引發社會動盪的重要因素之一。

　　大概是由於歷史上財富的出身帶著天然的遺臭和後來的暗傷，現代人看待財富的眼光依然謹慎而敏感。值得慶賀的是，經過近百年的財富反思和批判，尤其是現代教育普及之後，人們對財富的本質看法漸趨客觀，逐漸轉持一種開明、開放、接受和平和的態度。雖然拜金主義古已有之，但是今天的人們已經意識到金錢與幸福的相輔相成關係，而不再那麼顧此失彼。

　　答案具有諷刺意義：我們無法證明富人還是窮人誰更受歡迎，但是金錢是大家都需要和離不開的。有很多例子和研究結果都表示，貧窮的生活是人人都要擺脫的，富裕自由的生活是人人都嚮往的。無論如何，富足的生活使人更加舒適和滿意，富裕的日子也更加好過一些。可以肯定的是，金錢不等於幸福，也買不到幸福，但是一貧如洗、生活沒有保證也根本談不上幸福，物質基礎還是精神幸福的一種保障。在剖析了人性的劣根之後，金錢其實只是窮人或者富人的優和劣的外在附加因素，只不過因為金錢作為社會的流通程式碼之一，它獨特的作用無可替代，而被人們當成引發許多事件的導火線。如果真的要分辨窮人和富人的優劣，應該從二者之間的各種習慣和行為結果上去研究和得出結論。目前相對的認知是，富人和窮人一樣都會犯下殺人放火、強暴詐欺、偷盜非禮等罪行。人性的缺憾並不因為貧富而有很大的差距。

　　相對於富人來說，窮人首當其衝的壓力來自於金錢上的困窘。財務困難讓很多人面對帳單無計可施，即便是有許多想法也無法實現。相對於窮人來說，富人長袖善舞，沒有財務上的問題，卻有很多心理方面的壓力。畢竟，有錢人在任何社會裡都是金字塔的上層，即使在最富裕的國家，富

裕階層也不會達到全社會的 20%。財富總是惹人眼紅的，財富是人們最重要的隱私之一，是因為「露財」有可能帶來極大的麻煩甚至滅頂之災。另一方面，一些富裕和膨脹起來的人也的確用金錢書寫了數不清的臭名昭彰的壞典範；這些劣跡被社會媒體放大了之後，就演化為目前大家對待富人和金錢的既愛又恨的矛盾態度。

其實，無論哪個國家和社會，都無法清楚地說明，富人更好還是窮人更好。但是，毋庸置疑的是，現在無論哪個國家，都向富裕人士敞開大門，政府出盡法寶鼓勵民眾自我完善和自我致富，鼓勵所有的人努力工作成就自身，在獨善其身的同時扶助弱小，在正確的金錢價值觀的基礎上擁抱財富，建立和諧優雅的社會，實現幸福富足的人生。

二、獨善其身與兼顧天下

在今天基本公平的社會環境裡，新的一代富裕階層已經不像他們曾曾祖父們那一代人那樣費盡千辛萬苦地發家致富了，今天的更多的人在更有保障和更寬鬆的鼓勵創富的社會體制下，依靠自己的能力、學識、聰明才智，依靠兢兢業業的踏實工作和領先於人的發明創造，透過多年的勤奮努力而使自己和家人過上現代的富足的生活。在大而化一的現代社會，可以繼承貴族爵位的人全世界寥寥無幾，能夠借先人庇蔭，繼承祖上萬貫家業的也不在多數。根據統計，目前絕大多數的百萬富翁是白手起家的；更多的人正走在工作致富、投資致富的路上。這樣，我們有必要在現當代新型的社會制度下，樹立一種新型的富裕階層形象，讓人人樂意追求的財富以一種更受歡迎的形象深入人心並造富人類。

在現代社會裡，許多的財富偶像造成的是正面意義的推動作用。亞洲首富李嘉誠用他的財富資助了幾十億給教育和大眾基礎設施；世界首富的比爾蓋茲和巴菲特也在一年多前宣布「裸捐」，即在他們的身後將所有的財產捐贈社會。歐美國家的大學 3/4 的經費是公眾捐獻的，世界許多著名的博物館裡的收藏有許多是收藏者貢獻給全人類的。新時代的財富取之社會，回饋社會。在創造財富的過程中，製造了大量的就業機會，貢獻了稅收；在財富形成以後，以更大的動能回流社會，造福人類。據統計，美國的富裕階層前 25% 的人，繳交的稅收占全社會的 85%；收入最低的 50% 的人口，繳交的稅收僅占全部所得稅的 4%；59% 的百萬富翁沒有離過婚，越是富有的人捐獻的越多。這些都說明，你我生活的時代不同以往，人們可能會犯一些錯誤，但是人們也在嘗試做一個好人、做正確的事情。人類的歷史正是從不正確到正確的尋求中發展進步的。在今天，社會給絕大多數的人公平發展的機會，每年，百萬富翁都以兩位數的速度在世界各國迅速成長，我們是不是需要給財富和富裕一個正確的機會，讓成熟的、令人尊敬的新富階層不再是社會的一小部分，而成為包含你我在內的、大眾的、一個潮流性的主體？

　　透過你自己一生的努力，創造和擁有 300 萬到 500 萬美金的財富，消滅貧窮，財務獨立，不再是社會的負擔並且能夠幫助他人，這不是鉅富，這也不是實現不了的事情。透過精進財商和提高投資技能，融入具有普世意義的財富主體，讓自己在新興的大眾富裕標準下達標，成為獨善其身又兼顧天下的社會貢獻者，這是不是更令人嚮往和自豪？

三、健康的財富心態

　　關於金錢和財富，我們需要了解的還有很多。這個縈繞和伴隨人一生的不可或缺的寶貝，自古以來都讓人愛恨交加、難以取捨。鮮少有人不愛財富的，有沒有擁有財富的機緣那當然又是另外一回事。沒有錢的人拚命工作為了賺錢，有錢的人還想賺更多的錢，並且費盡心思想留住自己的錢。錢能夠幫助人們實現許多許多瑰麗的夢想，可以幫助人們過上幸福的生活；錢也能夠害得人走火入魔、人性淪喪。這個世界上有多少貧窮的故事，有多少被金錢壓彎了腰的不幸；這個世界上還有多少因金錢引起的爭奪角逐、揮霍無度、道德淪喪、世態炎涼。只有金錢是同時帶著天使和魔鬼的雙重面具出現在人們面前的。

　　無論做什麼事情，健康正確的心態都是第一位的，沒有良好的心態什麼都不能夠做到最好和持久。但是，良好的心態不是天生的，沒有後天的陶冶、歷練、磨合和反省、調整，就不會有健康大氣的、百折不撓的、快樂向上的人生。有句老話說，「人生不如意者十之八九」。因為錢財引起的糾紛和困擾是人生最常遇到的，據統計，生活中80％的煩惱是由錢所引起的。一些人終生都被家庭財務問題糾纏和煩惱。不管有錢沒錢，不為金錢煩惱的人是少數，十分奇怪地，沒錢有沒錢的煩惱，有錢也有有錢的煩惱，在這一方面，二者倒是扯平了。所以，建立健康的金錢價值觀和正確的心態，或許可以排解和減輕一些金錢帶來的煩惱。

　　事實證明，錢多錢少，快樂最好。幸福並不和金錢畫上等號；金錢帶來的早已被證明並不一定是好事，「有錢不快樂」倒是越來越被人們警醒。所以，生活在當下的人們越來越想弄清楚金錢和幸福的關係，關於金錢和

幸福的探討將成為一個大眾更加關心的命題。擁有一個健康的財富心態，是決定你這輩子財富的道路怎樣走、走多遠和是否擁有幸福的基準點。擁有財富和擁有幸福是不同的兩碼事，財富和幸福相互關聯，二者相伴共生；財富可以影響幸福，財富又不能等同於幸福。財富是一個變數，它的加加減減都能影響人們對於幸福的感受。

　　財富是怎樣的一個變數呢？首先，由於利率、時間和各種各樣變化著的因素，人們的財富值是一個隨時變動的數目。「金錢無腳走天下」，金錢是流動的，錢來錢去，隨著人們的交易和活動變化而不會停歇。金融危機、通貨膨脹甚至是一場天災人禍，隨時隨地增減一個人已經擁有的財富。現在有的不見得將來還有，現在這麼多的不一定將來還是這麼多。世事無常和金錢的這種變動性是帶給人們內心不安全感的根源。很多因素會影響到一個人將要賺到的錢和已經賺到手的錢。現在的人們經過了多少世紀的金錢歷練，已經看到了這個事實，也逐漸地對金錢越來越想得開，正在減少對金錢的狂熱、執著和依賴。人們在生活的陶冶中，用無法形容的代價，逐漸認識到凡是能夠用金錢標價的都不是最值得珍貴的，而支撐著人們的精神並建立著人們的幸福的，更多是金錢不能購買的東西，如親情、關愛、興趣、快樂、體驗、施與、幫助、分享等等，在物質生活得到保障以後，人們通常從精神方面營造和提升的幸福感更多一些。

　　其次，財富管理在財務數字之外同時也是一種心態和觀念的管理。在「淘金」和「滾雪球」的歷練中，人們將無數次地體驗到各式各樣複雜的人類情感和心態釋出，得、失、取、捨無數次牽動人的神經，被擴大和外化的金錢情緒問題更會一層層地滲透和影響人生，人們在一次次的選擇中完成心向和價值觀的提煉和陶冶。這種由金錢引起的心境上的跌宕起伏在人們逐步成熟的過程中，會使人最終走向幸福或不幸。沒有健康的心態和健

康的財富觀念，最終還是無法得到內心的平衡和寧靜。在經歷過人生的風雨之後，方顯心態這種無形的財富的價值。有些人中一次樂透大獎反而毀了一生；有些人幾經成敗起伏依然可以東山再起；有些人在窮苦的時候勵精圖治，有些人在暴富之後返樸歸真。財富對人的考驗和歷練，是一種人人躲不開的磨礪過程，反反覆覆衝擊、洗刷、薰染之下必定會在人心中留下深深痕跡。在正確和健康的心態下，自制和恆心是財富源源不斷聚集的另一個要件，建立財富人生的過程，也是一個收穫成就感、幸福感及自我完善的過程。

四、富足的生活大愛的心靈

　　無論是主觀為自己或客觀為別人，還是共同富裕的現代理想，總之，現代社會對於社會的共有、分享和援助、支持等等都比以往任何時候做得更好。我們不會奢望很快就過渡到了機會均等、財富均等、優雅和諧的理想國，不會奢望在短時間裡實現全社會富裕安康、人人富有，但是，共同富裕、更多人的富裕無疑是很多國家很多政府也包括民眾的理想。當一個社會更多人擺脫貧窮，過上較為富足的生活的時候；當更多的人可以自立，不需要扶持的時候；當更多的人在自己富裕之後更踴躍回饋社會、廣施仁心的時候，無疑，我們的社會才會更加穩定、更加安全、更加美好，也更加接近人們生活的理想。

　　貧困嚴重地限制了人們的生活和行動，也加劇了各方面的問題和增加了社會矛盾。富裕帶給人安定和舒適，帶給人享受和愉悅。過去常說「保暖思淫慾」，擺脫貧窮有了錢，如果沒有做到財富與心靈、精神的一起成

長的話，這是個不能避免的問題：辛苦地賺錢、打拚，在成功到來的時候，敗給沒有成長的精神；那些血汗錢變成不健康的享樂的添加劑，成為富裕之後個人、家庭的毒害。「黃、賭、毒」是空虛的心靈用金錢買快樂的常見特徵。在富裕和成功之後敗給金錢的個人和家庭、合作夥伴都不在少數，很多人共同經歷了艱難歲月的打拚，卻不能同擁財富，共苦而不能同甘，不得不說金錢的誘惑力和腐蝕作用之強大，如果沒有健康和不斷成長的精神力量，富裕後生活和心理上所出現的問題，同樣讓人們感覺不到幸福。根據對中樂透獲大獎的幸運得主的後續生活研究顯示，即便是老天有眼給他們好運氣，用巨額獎金砸中的這些幸運兒，他們的好日子通常在 5 年內結束；在狂歡、揮霍、濫情、隨意支配和盲目投資之後，他們中的大部分又一次回歸貧窮，只有很小一部分人能夠用這天降之財過著幸福生活。這個例子說明，財富人生並不僅僅表現為擁有萬貫家產，非常重要地，財富人生需要一個健康的精神和心理保駕護航。

　　生活已經讓我們看過太多的「財富雙面刃」的威力。隨著人們對金錢和財富更加深刻的體驗和認知，相信人們越來越能夠掌握財富和幸福的平衡。建立正確的財富價值觀，建立富有大愛的心靈，創造財富，分享美好，回饋社會，擁抱快樂無疑是未來人們追求的大方向。英國的電視節目《神祕百萬富翁》（*Secret Millionaire*）敘述的就是這樣一個又一個平實又感人的真實故事，愛心拯救貧窮，既成就了自身又幫助了有需要者，創造了個人財富也分享了共同富裕的精神，正是這種分享和大愛傳播，建立了人類社會才有的輝煌的物質財富和無限美好的精神財富。

第四篇
透視財富 —— 我目睹的創富故事

其實，你可以在圖書館裡找到上百本有關創富的故事，這些故事中的許多人物的精彩人生也同樣激勵過我，例如《雪球》（*The Snow Ball*）中的巴菲特和《賈伯斯傳》（*Steve Jobs*）中的蘋果創始人賈伯斯以及活在報刊雜誌文章中的亞洲首富李嘉誠。他們連同更多的世界優秀企業家的傳奇創富人生，不僅僅在創富方面更在創意、貢獻和價值觀等諸多方面譜寫了輝煌人生的典範篇章，在創造世界級驚人物質創富的同時，他們中的一些也引領了人類精神的新潮流，豎立了高山仰止的風範。

這些傳記和故事當然值得細讀。不過，在這裡，我將要介紹給大家的是生活在你我身邊的平凡的人物 —— 身為他們的商務顧問、合作夥伴以及朋友，這一、二十年我目睹的是他們雖然普通但絕對精彩的成功故事。之所以這樣選擇案例人物，一是不必炒冷飯談那些大家早已經耳熟能詳的經典人物和細節，二是，個人認為這些生活在身邊的人的成功故事更具參考意義和借鑑價值 —— 那麼接近、那麼真實、那麼有現實意義，宛若住你隔壁鄰居的百萬富翁的創富故事更能夠讓你對自己的猶豫、懶惰、無作為不再尋找任何藉口。我很願意分享他們的精彩人生，是因為平凡的他們曾經深深打動我、照亮我，希望這些人的真實經歷可以讓你信心滿滿：如果他們能，你也能！

鑒於案例中的人物除一位外均健在，考慮到尊重和保護這些成功人士的個人隱私，所有文案皆隱去人物的真實姓名、公司行號及任何有可能透露其身分的細節，全部案例僅從研究成功商業人士的成功因子入手，探討成長背景、性格與天賦、憧憬與夢想、金錢觀與價值觀、職業經歷、消費習慣與財富人生的關係，同時，限於時間和篇幅，僅以透視、平鋪直敘的手法敘寫，簡要探討其財富策略和實現路徑。文中使用皆為化名。特此說明。

檔案1　就想做到最好

- 譚先生 (66 歲) 大學學歷
- 公司董事經理
- 品牌產業管理公司創始人
- 著名國際地產顧問公司合夥人

身材瘦小的譚先生 66 歲，頭髮花白，鏡片後的雙眼炯炯有神。他說 15 歲開始在父親的雜貨店幫忙，也跟著父親學習做生意。因為父親在那個年代受教育有限，他最早幫的忙除了看店、進貨之外，其實更多的是盤點和記帳。在他記憶裡，家庭對他最大的影響是父親的勤勞和注重品德。

譚先生性格堅定而充滿自信。他回憶說年輕的時候由於家境原因，有好多事情都只能靠自學。他認為沒有什麼不可以自學的。他喜歡鑽研，喜歡解決問題；他的性格很像父親，堅韌、不放棄、頗有耐心；他說他最大的優點是令人信任和誠懇；他習慣全面深入思考，凡事考慮清楚之後才去做。他決定了的事情就一定會去做，他會計劃得很周全，「不可以失敗的，」他笑著說，「有把握再去做，不能有差錯」。看來他屬於執著、沉穩、縝密的那類人。

譚先生自認為是思考型，他不愛抱怨，喜歡讚美。談到如何面對失敗這個人生難免的問題，譚先生十分輕鬆地說：「只要不餓死，什麼都能做，人活著就不會有問題。」他認為跌倒了爬起來是人生常事，「重新來過不就行了？」問他成功了以後會怎樣？他沉思了一刻，認真地說，「就算是成功了，可能會影響很多人，但 (對自己) 沒多大改變」，他笑得十分淡然，「還不是像過去一樣吃飯、穿衣？不會很奢侈吧 —— 應該會去買兩件好的

T 恤。」他笑得像嬰兒一樣純淨，用手指捻了捻身上的 Burberry 咖啡色格子 T 恤。

談到人生目標這個問題，譚先生說他沒想過發達，沒想過要很成功，在他的思想裡就一個念頭，鐵定認為勤勞了就會成功，並且「做事要做到最好！」他咬著嘴唇狡黠地笑著，抬一下眉毛：「一定要比 XXX（競爭對手公司）更好！！！」他認為人奮鬥的動力在興趣上，「一定要做自己喜歡的事情！求新，求好。」他說，「為了名譽，不能被人趕上，一定要努力！」他以一貫的簡短、堅定的語氣說。

談到金錢、價值觀和賺錢目標，譚先生說：「如果能控制錢就是好的，被錢控制了就是壞的。為了錢做不道德的事情就太糟糕了 —— 」他輕輕地說。他說自己並沒有預定一個明確的賺錢目標，他認為如果你做得好，事情自然會找上門，「如果你做得很好，自然也就很好賺；但是也不能說就是為了賺錢，如果人這一生只為了賺錢，也許很快就達到目的退休了 —— 因為你沒有工作的興趣。如果你的興趣是在做事情上，你就可以做好要做的事情，而且可以一直做不厭倦 —— 錢也就自然而然不斷地來囉。」

譚先生一生從事過 2 種職業，一個是建築工程方面的專案經理，另一個就是現在已經做了多年的地產顧問服務。他在 39 歲的時候在以前服務的公司被升為董事，身為一個頗有名氣的地產顧問公司高階管理人員，他的年薪大概在 30 萬新幣左右。他在 44 歲的時候賺得了自己平生第一個 100 萬；在 49 歲的時候，他辭職創辦了自己的地產顧問公司。經過 12 年的奮鬥，譚先生的公司成為行業中的佼佼者。因為年事漸高，私人企業後繼無人，他開始考慮賣掉公司或者引進合作夥伴。皇天不負有心人，經過 3 年的物色和談判，一家位居前三名的國際著名產業公司收購了譚先生的

私人公司。譚先生以他締造的公司品牌、卓越的服務口碑和超過 110 個站點的服務網路而成功地實現「創立公司賣掉它」的財富策略。

賣掉公司之後是不是就退休了呢？譚先生笑了：「不 —— 會！」他朗聲說著並且糾正：「嚴格來說不應該叫全部賣掉，其實我還有留有將近一半的股份呢，」他得意地微笑著，「不工作你讓我做什麼？身體健康、頭腦清醒，每天打球？不！不！不！我願意工作！我願意每天都在辦公室待著，我每天都要親自解決問題。退休？我看要到做不動的那一天，75？I don't know.」他輕輕微笑並且堅定不移地做了個手勢：「我永不言退。」

身為富裕人士，成功後的消費習慣這個問題，譚先生回答說，早期受父母的影響，都很節儉；中年以後，自己比較愛存錢，「賺 100 萬花 100 萬 ——」譚先生瞇著眼睛搖搖頭說，「那還是窮！能存下來人才會有錢。」關於他自己的消費方式，他說他喜歡玩車，到現在為止一共換了 4、5 臺車，最貴的是一輛日本凌志，21 萬，其他的都是普通車。他有一隻 1 萬元的手錶，每年出國 3～4 次，每次花費幾千元新幣左右，「不坐頭等艙、永遠經濟艙！」譚先生不以為然地強調。他最高興最欣然的一次海外旅遊一共花了 1 個月，消費了兩萬五新幣，「那是賣掉公司之後 —— 我終於實現心願啦。」譚先生平時在家吃飯，一到兩週去一次日本餐廳，每次花費 100 新幣左右，中午就在辦公室樓下吃大排檔，「幾塊錢一頓而已。」他說他每個月的消費不高，幾千元而已。

在投資理財方面，譚先生說他不炒股票、不炒房，「我是專業人士，我喜歡管理工作 —— 我只需要管理好我的公司。」他堅定地說。他住在自己規劃的、請設計師朋友專門為他設計的一間漂亮的半獨立洋房裡，有著日式花園和錦鯉池。他說賺到的最大的一筆錢就是賣公司股份的幾百萬。「我喜歡平平淡淡的生活，喜歡幫助別人，喜歡教那些年輕人，喜歡每天

找點事情做，我最大的快樂就是工作。」他一直輕輕地說、淺淺地笑，似乎在印證他的信念：「專注、耐心、堅韌、不放棄，沒有什麼是不能做到的。」

檔案2　財富出少年

- 吳先生（41 歲）大學學歷
- 房地產開發商
- 通訊器材經銷商
- 上市公司股東

　　吳先生身材不太高，略胖，實際年齡比外貌要年輕得多。他說他出身於軍人家庭，父親一直在軍隊工作，幹練和堅毅是父親的風範。父親管教得非常嚴格，他十分敬佩自己的父親，希望有朝一日能像父親一樣調動千軍萬馬，做令人敬佩的將軍。

　　吳先生說，他最早有關金錢的概念來源於兒時的遊戲：先是蒐集菸盒、火柴盒貼畫和糖果紙，後來就發展成了郵票。那時候郵票只要幾分錢一張，家長給的零用錢捨不得花，為了買郵票，常常為了省下幾分錢的交通費而步行幾公里。越集越多的郵票產生了交換價值，集來集去、換來換去，腦袋靈活的他不知不覺就成了當地有名的「郵票王」── 因為他將別人不要購買的預訂券集中起來，拿到交易市場中去互通有無，由此「資源整合」產生的免費郵票便具備了真正的票面價值。少年痴迷的他所有的空餘時間都在跑郵局和泡郵票市場，在交換和出售產生的利差中，吳先生小小年紀便已經在零用錢上「財務自由」了 ──「國中時代我就自己解決自

己簡單的午餐錢，自己交交學費，並且還可以給妹妹一點零花錢呢」。吳先生說起自己的少年英雄史，禁不住兩眼發光。

　　然後，就是一路嘗試著的各種的情形的延續。「閒不下來」的他在高中時期第一次聽說了過去只有在電影中看到的「炒股票」現在可以開戶了，便十分好奇地跑到證券公司開立了帳戶。「那時候做股票的人少！我清楚地記得我的帳戶號碼是 008 —— 第八個開戶的人，」回憶使他眉飛色舞，「聽說能賺錢，我就把我那幾年存的錢都放進去了。」「賠了賺了？」我問，他答道，「那肯定有賠，剛開始誰也不會做；不過後來我的本翻了 50 倍！」

　　再然後就是大學時期。「那時候剛剛好趕上城市開始發展，在市中心開立了夜市。我就跟幾個朋友跑過去租了個攤位，白天在學校上課，晚上在夜市賣牛仔褲。坐著火車到外地的服裝批發市場進貨，然後再聘用同學一起輪流顧攤位，把批發來的服裝加價賣掉。那幾年，整個城的牛仔褲都是批發我們幾個年輕人的。」吳先生講得神采飛揚，「應該說，第一桶金就是從擺攤賺來的」，他略帶沉思肯定地說，「那時候我們幾個在學生中，可以算是很有錢的啦」。

　　轉眼大學畢業，吳先生被分配到一家公司工作。到處跑慣了的人不能適應坐在辦公室裡的工作，他就要求去做業務。幾年做下來就長了膽量，乾脆呈報告留職停薪，自找門路發展去了。

　　「那個階段我還年輕，看見什麼都想學學、試試，什麼都想做。前前後後嘗試過十幾種工作，什麼業務員啊、修汽車啊、賣 BB.Call 啊什麼的，後來看人家都在蓋房子，就跟朋友合夥註冊了開發公司 —— 那個時候門檻非常低。做了幾個專案，賺了幾千萬。」吳先生漸漸地回到了現在。

成為開發商也有面臨的問題,「房子賣完了,也遇到了房價的調整週期。一時間房地產市場一片蕭條,暫時不能做了。一把錢在手裡,就得考慮繼續找方向發展啊。」吳先生說,他後來看中了電信這個無限廣大的市場,想引進一個品牌做總代理,「你想想人手一機是什麼概念,這個市場有多麼廣闊。」他也考慮拿出一部分資金,投資到另一個合夥人的公司,因為這家公司正在籌備掛牌上市。

　　在寫作本文的時候,吳先生已經是這家上市公司的股東之一了。隨著他的資產規模跨上一個新的臺階,他的人也更忙碌了。「我正在世界各地走走,找一些好方向繼續發展;另外,越來越感覺到自己的不足了,的確需要開闊一下眼界,學習一下人家的思路。再者,現在越做越大了,肩上的責任越來越重,我也需要好好地想想,這以後的路該怎樣走。」讓我們拭目以待,看看吳先生怎樣與時俱進地改寫他的財富記錄。

檔案3　有錢就投房地產

- 阿珍(女,44歲)大學學歷
- 媒體人
- 美容院業主
- 藥品代理

　　「我跟你們大家都不一樣!我是個苦命人,我必須自己努力。」一上來,阿珍就開宗明義,說明自己能有今日的成績,一是完全無依無靠,二是必須自己打拚。

　　阿珍是有一點不太幸運。在她生下孩子不久後老公有了外遇,倔強的

阿珍就毅然跟那個負心漢分手了，自己一個人帶著孩子過活，那個不負責任的男人甚至一直都沒有付過孩子的撫養費。手快嘴利人漂亮的阿珍好在還有一份不錯的媒體工作收入，養活孩子自然不成問題。不過，生活依然沉重的是，她還需要照顧年老無依的媽媽和剛剛大專畢業的妹妹 —— 三個單身女人老的老，小的小，還帶一個不到 3 歲的孩子。阿珍要是不另外想辦法賺些錢，日子還真是不輕鬆。

「錢從哪裡賺呢？」阿珍回憶道，「那時候我兒子還小。有件事很困擾的就是經常得買衣服買鞋，小孩長得快，小孩的東西又貴又不耐穿，往往沒穿幾次就穿不下了，你就又得去買新的 —— 我突然領悟到，小孩兒的東西比大人的貴多了、也好賺多了。」她咯咯地笑著說，「反正你願意也得買、不願意還得買，誰捨得虧待孩子啊。」阿珍的童裝生意就這樣被兒子的衣服鞋襪給啟發了。

童裝生意果然好賺。不僅緩解了阿珍家一份收入四張嘴的生活困境，還解決了妹妹的就業問題 —— 姊姊進貨，妹妹看店。更值得高興的是，幾年下來，居然賺得眉開眼笑，「每次年底一結帳，看到帳上幾十萬，哎 —— 呀！那真是高興。我們從小節儉慣了，日子過得去就好，也沒什麼大型家電要添購、要花錢的，錢放在帳上也不是辦法，買什麼呢？什麼東西一次能花幾十萬、上百萬呢？」阿珍笑得見牙不見眼，「那時候我工作忙，妹妹也小，老媽其實也什麼都不在行，我們都不懂那麼多錢拿來做什麼。於是想來想去，就只有買房子了！」阿珍就這麼誤打誤撞地開始了她的房產投資，那大概是九十年代中前期。

「十幾年前的房子真的很便宜，」阿珍說，「剛開始也就是給老媽買一套兩房一廳的房子，改善一下居住環境，很快地又給妹妹買了一套準備結婚用。這之後我做了個健康節目，觀眾反應很不錯，求醫問藥的打爆電

話。贊助商眼珠子一轉，就非要求我做他的藥品代理。」阿珍繪聲繪色地講著，「媽呀！藥品啊，人命關天，我可不敢哪 —— 又不是鞋子，品質不好丟掉、賠點錢算了，藥可不敢賣。但是，那個藥廠的死纏爛打，說我們是外地的，在你們這裡沒人，這藥還真不是隨便就可以交給誰就可以的，要找可靠的人。你口碑這麼好，交給你我們放心。」阿珍說你放心，可是我不會做呀，人家說，藥品是固定通路，其實特別簡單，現成的買家和通路，就是需要嚴格把一下關，不夠資格的堅決不能買。就這樣，阿珍變成了某藥品的地區總代理。

生意太好了，藥品替代了童裝。隨著阿珍帳戶裡的錢的不斷快速流入，再加上通貨膨脹的加速，阿珍還是沒有找到比房產更好的投資管道，「放銀行貶值，股票不會炒，吃飯、穿衣、買車、旅遊都花不了多少錢，還是得買房子 —— 你沒有看到房價升得有多快嗎？一兩年漲一千，一兩年漲一千，就沒停過。」

故事到這裡就該結束了。你關心的結果是：阿珍，一個媒體工作人員，拿著普通的薪資，到目前她名下有 24 套房產，其中，多數的貸款都已經還完了。除此之外她還投資了一個店鋪，在自己的店鋪裡開了一家美容院，因為做藥品的關係，朋友又推薦她開始涉足美容保健，她就專程去韓國考察了一個美容保健品牌，在她的店裡既做美容也售賣保健品。藥品當然還繼續代理著。

阿珍感慨地說，「我是趕上了，十幾年裡，房產一直在走高 —— 現在的房價比我剛開始進場時候高了整整 8 倍！」不必去算阿珍的淨資產有多少了，8 位數的身家足以讓她過上有品質的生活。順便說，阿珍在她單身 16 年以後的 42 歲，重新擁有了愛情和溫暖的家。

檔案4　賣掉永恆 —— 當鑽石遇上網

- 小慧（女，45 歲）大學學歷
- 地產推廣
- 鑽石經銷

　　小慧戴著一副深度近視鏡，從鏡片後面閃爍出柔和冷靜的光芒，一看就是個理性的人。當她輕聲地回答做過幾份工的時候，「超過 10 個」的答案更讓我印證了這是個非常特別的女子。

　　她說她的第一份工作是父母安排的，在醫院裡面做行政，「超不喜歡！一個半月後我就不做了，」她說，「找不到感覺。」這之後就是尋找感覺的漫漫探索路，從行政人員到管理，從市場到期貨，賣過汽車用品，還進過劇組，終於，在 28 歲的時候，落腳在房產推廣上。「我喜歡創意工作，我喜歡做市場，它非常具有挑戰性。」

　　「那時候這個城市的房產剛剛起步，我來的是當時最大的一個地產開發公司的市場行銷部做銷售，就是房屋銷售。因為是當時最早最大的案件，大家都是第一次賣房子，誰也不知道要怎樣銷售，於是就八仙過海各顯神通，白貓黑貓賣出樓房就是好貓，呵呵 —— 我比較用心，找賣點，講得頭頭是道的，人家就買了。」她笑著說，「現在想想都可笑，買房的人山人海，應該是人家需要才買的。」

　　「銷售提成雖然不是很高，但是量大業績就很好，房屋銷售員基本上一年能拿到一、二十萬，這是不小的一筆錢。那時候年輕、學得快、有闖勁，慢慢地，廣告、策劃和文案基本上都自己搞，逐漸地就摸索出來了房地產推廣的道路。跟著大公司學了不到 4 年，我就自己出來做了。」

談到她生平中賺的第一個 100 萬是什麼時候？她說：「自主創業的第一年就賺到 100 萬了，那年我 32 歲。」那麼是什麼時候賺到了人生中的第一個 1,000 萬呢？小慧轉了轉眼睛笑著說：「是在自主創業的第 3 ～ 4 年吧。」她說她從來沒設想過具體要賺多少錢，只是做什麼事情都極其認真投入。正是這種做事的態度，讓她剛剛創業就感到了自由、自主和看到了自己的成功。「要做自己喜歡的事情，不喜歡的給再多錢都不做，我只接我喜歡的案件，那些不喜歡的案件和合作夥伴全推掉了。我這個人就是比較挑剔。」

房地產策劃和推廣做到 10 年以後，小慧漸漸地感到了職業倦怠，再加上此時的房產代理已經多如牛毛，競爭加劇，行業利潤降低，小慧決定轉換跑道。「諮商再做也是為別人做嫁衣，」小慧說，「幫別人做創意，再怎麼樣也要聽業主的，並不是每個拿錢來要求做市場的人都懂得專業，有時候很好的建議他們不採納，而他們提出的在市場上又確實行不通，這些都讓我意識到必須有自己獨立的品牌 —— 我想擁有我自己的東西。」她沉思著說。「經過十幾年市場上摸爬滾打，是時候為自己建立一個品牌了，一個我自己持有的永久性品牌。」

然後就是長達兩年多的考察。小慧走了很多城市，看了很多標的，「我這個本子上記錄了 200 多個標的呢，每一個我都仔細地寫考察記錄、分析進入門檻、預測市場前景。最終就是你現在看到的這家店。」她指著櫃檯和銘刻著公司名和 Logo 的銅牌匾說，「賣鑽石，賣永恆。」

為什麼是網購鑽石？小慧說，21 世紀對商業模式衝擊最大的是網際網路，網際網路改變了人們千百年來的行為習慣。因應這種衝擊，商家最大的改變是「滑鼠＋商品」的網上購物。「對於我來說，推廣了這麼多房地產，再讓我去賣任何東西都缺乏吸引力 —— 你想想，有什麼消費能大過房產的

單價呢？想來想去，只有鑽石了，從古至今都是無價之寶；況且，我是個女孩子，自然對美的東西比較感興趣了 —— 哪有女人不愛鑽石的？」

小慧說，網購鑽石讓她面臨巨大挑戰，因為所有的一切都是新的。她必須從頭開始學習鑽石的鑑識、珠寶設計、進貨和保全措施等等，「雖然過去都做了十幾年的廣告推廣了，但是，光是進貨以後把樣品拍照放上網，都把我難死了 —— 就這個近拍攝影就讓我學了半年。」她得意地展示著一些圖片，「光線、構圖、美感，怎樣打光怎麼拍太重要了！」

那時候是她的鑽石店開張一年半，盈虧剛剛持平。「我會守 3 年看看。3 年就可以看出來這門生意究竟能不能做下去 —— 這可是我的蘋果樹啊，」她凝視著她的註冊商標，「它可是寫在我名下的啊，它可是無形資產哪，我得繼續替它澆水。」

人生如煙。—— 僅以此文，作為精神的祭奠。

作者題

檔案5　未完成交響曲

· 文先生（終年 63 歲）大學學歷

· 集團董事長

· 房地產開發

· 汽車機械

文先生從來不大聲說話。而他一旦說話，必緩慢而鏗鏘有力，一字一頓的堅毅似難以被推翻。

8 年前，我們在討論他的更新版房產專案。他用濃濃的中國口音稱新專案是「小平毛」（Shopping Mall）—— 這總是讓我在腦海裡迅速閃現跟這個國家有關的一個經典畫面：「小平，貓」—— 那時候嘉德預定在中國上海的 Shopping Mall 還沒有建好。文先生沒有來過新加坡，也不知道新加坡的 Shopping Mall 好到可以在幾年後帶動起一波 REITs 大紅大紫地掛牌上市。他所有有關「小平毛」的概念借鑑自日本和法國。在做過一輪大型住宅案件之後，文先生在那個城市裡先發制人地想做綜合商業地產，擺在面前的設計圖上不僅有商場還有飯店。

「你們幫我把飯店賣了吧，」文先生說，「設計很滿意。只是搞商業地產我也是大姑娘坐轎 —— 頭一回，一點經驗都沒有；商場還好說，這飯店我可真玩不了，那得人家專業飯店管理集團來經營。身為開發商，我只會蓋房子，蓋好的房子都得賣出去。小的還好說，賣不出去自己留著，這麼大的房子占據資金就太多了。得現在就動手尋找策略合夥人，賣、租、共同經營都可以，最好是境外大的飯店管理公司。」

應該說，那時候文先生和其他的顧問們都不清楚飯店的買主是誰、凡店該怎樣蓋和蓋好之後怎樣善後，建案就動工了。儘管大家都在努力尋找，但是在 5 年裡也沒有為他找到願意合作的合夥人。—— 決策時的一個重要的程序上的失誤，導致了該案件在後期的商業合作上產生巨大的困難，但是，綜合地產的住宅物件卻是賣了個滿堂紅。

而此時，文先生的另一個大案子也在醞釀中。房地產的關鍵要素是「地點、地點、地點」。地理位置決定一個房產專案的成功，也決定了不同位置房產的不同價格。時至今日，香港太平山上的房價仍然是最偏僻的地段的 10 倍以上，尋找城中的優越位置是開發商的看家本領，尤其是當城市建設逐漸飽和的時候。當此時，「拆遷置換」成為考驗每一個開發商運

籌功力的一道常見的難題。

當時在城市的中心地段有一家瀕臨破產的國有企業，這家興建於 60 年代的企業一度成為全國最大的國有企業之一，興盛時期有幾萬名工人，其廠房占地之大可想而知。隨著城市化的推進，過去遠在郊外的這個工廠現在變成了城市中不錯的次黃金位置，所有的開發商都虎視眈眈盯著，之所以沒有敢下嘴，是因為政府規定誰要拿這塊土地就必須連同工廠的全部工人和退休人員一併處理。土地的價格再高，都是可以計算價值的，而高達幾千名的工人和已經退休的員工，成為所有覬覦這塊土地的開發商的障礙，既不可以遣散工人，也無法計算退休人員的預期壽命，政府的英雄榜成了不能完成的任務。

案件釋出了兩年左右，一直沒有人成功拿下該案件的開發權。一天，文先生說，他想接手這塊土地。經過幾個月的論證和同政府的交涉，文先生成功揭榜：接受政府劃定的郊外的一塊土地，合理安置所有員工與退休人員，並進行這塊土地的發展開發。文先生最終拿到了這塊土地的開發權。

「為什麼是您拿下這個專案而不是別人呢？」文先生一聽這個話題就樂了，「他們該試的全都去試過了，拿不到代表功力不到位。」他點上一支菸大大地吸了一口：「這的確是個難度極大的開發案件，難就難在必須解決人的問題，幾千人不好處理。因為政府有要求不能讓工人失業，所以唯一的方式就是讓工廠活下去。我仔細考察了他們工廠和目前的市場，發現他們的問題在於機器和生產的產品都老化了，跟不上當前趨勢；解決的方法就是產業更新換代，以新設計的合適的產品取代過去的產品，產品賣出去了工人才能活著。所以，我花了很大工夫幫他們找到了義大利最新的產品設計和生產新產品的新型機器，然後就提出全面收購工廠的議案。現

在，工廠是我的了。」

「您改行了？您懂工廠的生產和管理嗎？」文先生又笑了，「我又不是算命仙怎麼會懂！人家工廠裡現有幾十個專家呢。我現在只是個業主。我跟管理層說了，生產和管理的事你們全權做主，過去怎樣現在就怎樣，我不插手；過去你們瀕臨破產是因為沒有好機器和好產品，現在你們有了，鼓起幹勁轉虧為盈吧。新廠房、新機器，最好的生產環境，幾千人的飯碗，投個幾億，值得！」

新廠房建好，舊廠房那邊開發建設高級公寓和商業設施也就順理成章了。「那為什麼其他人沒有想到買下工廠呢？」文先生胸有成竹地笑了，「不知道我過去是管理幾百人的工廠廠長出身吧？我對生產流程、產品和市場開發一點都不陌生耶。其他的開發商有幾個會管理工廠我不知道，對於這個案子，做市調、調整適合的產品、設備更新都不是很難的事情。我還有一個汽車機械工廠呢，業績棒極了，正在醞釀上市呢。加上這個大的房產專案，兩個公司掛牌之後資產最起碼 55 億以上。」

案件都進行的非常順利，文先生的兩個上市計畫也按部就班地緊張推進。在他 60 歲那年之後，彷彿是感覺到了些什麼，文先生想到該培養接班人了，就把房產業務通通交給兒子打理，自己專心思考集團的發展策略及上市策略。天有不測，一年多後，在上市前緊鑼密鼓的繁忙中，文先生出現了持續的低燒和乾咳。面對著醫院的檢查結果，文先生長長地、長長地嘆了口氣，不無遺憾地低聲地說，「我這輩子習慣沒養好，每天熬夜、看書、抽菸，不運動、不吃菜、不吃水果……現在，一切都來不及了……」

檔案6　熱愛和鑽研是最偉大的老師

- 傅先生（47 歲）大專學歷

- 資源整合

- 股權投資

- 類金融

　　傅先生身材高大魁梧，一臉福相，厚厚的近視鏡片後面，一雙溫和的眼睛流露出善意和誠摯，讓人一眼看過去之後可以產生信任感。

　　傅先生說，他目前所有的一切都是在市場上打滾摸索出來的，做生意唯一的訣竅就是誠信；「我做的很多事情我都沒學過，我就是喜歡和愛鑽研。」他滿臉微笑載滿坦誠和敦厚。

　　傅先生說他的第一份工就是在路邊的夜市小吃攤賣砂鍋。「當時我 18 歲。沒工作想賺錢，就在路邊擺攤賣砂鍋 —— 我比較喜歡做餐飲。然後又開了一間美容美髮店，做髮型設計。做得不錯，當時還是連鎖的呢，開了七、八間分店呢。」傅先生英雄話當年，自己也覺得好笑，「那時候年輕有衝勁，做得還不錯。之後還開過火鍋店，做過裝修，開過餐館，做過保全，做過一間辦公室，開過一家小飯店，前前後後我做過 20 多個行業。現在主要是做管理諮商和股權投資。」

　　當問到什麼時候賺到人生的第一個 100 萬這個問題，傅先生回答：「那是二十七、八歲的時候吧，做生意大概 10 年的樣子。」至於他人生中賺到的第一個 1,000 萬，他說：「那是開始做辦公室的時候，30 歲的時候；40 歲做飯店的時候已經 2,000 萬了。」他笑如滿月，「我感覺我還可以 —— 我可是完全靠自己的呀，沒有人幫我，一個人奮鬥出來的。雖然比不上

人家做得好的，但比上不足比下有餘。我的起點低，也沒受過很高的教育——所以我現在每天都堅持看書、自學，還報名去聽課。我每年在進修上都花幾萬塊呢。」傅先生很認真地說。

　　關於有沒有人生的財富目標，傅先生說：「有哇！剛開始就是為了讓家人有個好生活，能過日子；後來生意做得順手了，目標就越來越大了。在 30 歲的時候想，什麼時候能有 5,000 萬就好了！」實現了嗎？他笑得一臉燦爛，「現在有了。我現在考慮的是，怎樣把規模做大，在未來五年，能把經營規模提升到 10 億。這樣的話，我就可以每年服務 3,000 家小企業，才可以用賺來的錢幫助那些貧困地區的孩子蓋學校。」您有做慈善？「有哇，我一直在做一點力所能及的事情，過去 5 年已經捐了三個小學校了。如果我目前的投資模式可以成功，希望以後可以每年捐建一間小學。我希望做出成績回饋社會——我信佛。」

　　當討論企業家精神的實質是怎樣的這個問題時，傅先生認為：「家人、朋友、社會，是每一個人都離不開的最寶貴的東西；勤奮和奉獻是一個企業家最寶貴的精神特質；責任、榮譽感和誠信是企業家最寶貴的品性。」傅先生闡述著，「我的夢想是做個成功的人，做個受尊敬的人，給社會留下一些東西，不荒廢這一生。」

　　傅先生說他是一個腳踏實地的人，喜歡嘗試和鑽研。他認為自己在創業之後的 10 年從做那間辦公室的時候才算是小有成就感，才算是品嘗到了些成功的滋味。這之後，他思索了許多專案，一直在考慮要建立一種獨特的、自有的商業模式，這種模式能夠為他帶來獨特的競爭力、幫助他的生意更上層樓。在採訪他的時候，他正嘗試將股權投資、小資金拆借和品牌加盟等做成一個資源整合的平臺，為中小企業和想創業的人提供專案——資金——品牌——投資一條龍服務。「作為一種創新型民間金

融，股權投資與品牌推廣、創業一站式服務，市場極為廣闊。小額的股權抵押式投資合作，把資金、專案、品牌和創業者聯繫在一起，互惠共利協同發展，整合專案的各方人馬集合在共同利益下，這是案件配對成功率高的原因。」

談到財富目標和人生目標，傅先生深有感觸地總結：「這人嘛一定要與時俱進，隨著眼界的開闊，人生的目標也好像更加開闊和豐富了；財富呢，說到底是個變數，時代在發展，層次在提高，此一時彼一時也；站在小土坡上是一個境界，站到山頂又是一個境界；在富足之前沒有想過的東西，當你的境況改變之後，可能就想了。比方說巴菲特，如果沒有幾百億，又怎樣想出裸捐這個理念？所以，要不斷追求積極向上。我已經經歷了這麼多種行業，這以後也還是這樣，無所謂退不退休，反正閒不住，我現在就希望建立這個商業模式 —— 我都探索了三年了啊。」

順便說，傅先生說他非常喜歡一間「車庫咖啡」，那裡經常有案件釋出，在那裡能得到許多啟發和收益，能找到想找的產品和人，他是那裡的常客。

檔案7　諮商顧問創富的10倍法

- 祁先生（45歲）大學學歷
- 管理諮商
- 發展商

祁先生要是講起話來可以滔滔不絕 2 個鐘 —— 如果你不打斷他的話。點子一個接一個，方法一套又一套，引經用典，指天說地，無論是什

麼事情他總是能夠快速、合理地闡述、論證和建立起他自己那一套認知和理論，功底可見一斑。「這是我的天賦」祁先生肯定地說，「我就是吃這碗飯的。」

祁先生說大學畢業後的第一份工是在一個旅遊公司做行銷。「第一年就受不了了 ── 我一個人把全公司的工作都給做了。我一看如果做公司做行銷就這情形，那還不如我自己一個人做呢。」祁先生隨後就辭了職，開始了牽線搭橋、開山鋪路式的左幫右補的半經紀半顧問的專案協調人生涯。

在他 22 歲開始創業之後，「當年就賺到了我生平第一個 100 萬 ── 既然我工作的第一年就能為公司賺 100 多萬，當然我為自己做應當多過這個數目，肯定是第一年就賺到 100 萬了。關鍵是，雖然自己創業了，但是，這之後很長的時間我都沒有做得很成功，不知怎麼的，都是一些小型案件，都是隻只了些顧問費而已，期間最大的一筆顧問費也就是做了一個地產策劃的案子，賺了 400 萬。這個平淡過程我一下走了十幾年！」

「說到稍微有些啟發意義的事情 ── 就是在那個地產策劃之後，那個案子深深觸動我：我是策劃者，忙了幾年，我賺了 400 萬顧問費，人家開發商賺了幾億！所以我想，我為什麼不能為自己策劃策劃呢？為什麼不自己也做生意呢？所以，我就做了。」

剛開始不懂開發，所以得跟人合作。我們幾個拿下了市中心的一塊的地，硬是終於把它改造成功了。這個專案我終於看到了價值，賺到了生平最大的一筆：4,000 萬 ── 我把自己提升了十多倍。那時候我 38 歲。」祁先生掩不住的喜悅，笑得滿面春光。「我覺得我就應該做這樣的事 ── 當然，前面那十幾年也不是說沒用處，而是在打基礎。」他認真地強調，「堅

實的基礎很重要，跟著別人預演一遍，自己再做就知道怎麼回事啦。沒那種基礎和功力，你接不了大案子。」

　　這之後就順理成章了。祁先生雖然還繼續著他的顧問業，但主要精力放在了自己的案子上。現在，他已經是獨立開發商了。他在一處近海的地方買了一塊地，用他 10 年前幫別人規劃房產時的頭腦，加上這些年走遍世界汲取的經驗，還有逐步磨練出來的膽量，他做了一個濱海的上等公寓和商業地產的案子。「我的公寓都是面海的，」祁先生說，「賣得很不錯 —— 它本身就是個度假的好地方，公寓旁邊是一個大飯店，一個品牌飯店。現在人們口袋裡都有錢了，旅遊業肯定是越來越興旺的，我那麼個依山傍海的好地方，不怕人不來。」祁先生相當自信，「這個案子幾年後下來，最起碼是這個數字，」他把五指誇張地張開，「又是一個 10 倍！」祁先生笑得春風滿面。

　　這之後呢？「我正在研究社會保障體系，新加坡做得很成功，澳洲和美國的養老也不錯。保險、養老什麼時候研究透了，案子就出來了」傅先生微笑著說著，他笑得那麼自信。

檔案8　一個配方引發的跨國拓荒

· 維克多（60 歲）大學學歷

· 速食業主

　　維克多說他生於普通的家庭。服完兵役後父母送他到美國留學深造。因為他的家庭並不富裕，他就在美國的一個小鎮上邊打工邊讀書，而打工的那個速食廳的老闆，一個 80 多歲的美國老頭，徹底地改變了他的命運。

維克多的理想是讀完了書到一家國際大公司做一個高級職員。為此他非常努力地攻讀學位，只是因為學費太高，才到速食店邊工邊讀。他的老闆年事已高，擁有 6 家速食連鎖店，餐廳售賣美式漢堡、炸雞和冰淇淋甜品。老闆的 6 家連鎖餐廳生意都不錯，是當地人喜歡的大眾食品。維克多在餐廳工作了幾年，以這份工作收入加上獎學金，他攻讀了兩個科系，就等著拿到學位之後就回到亞洲發展了。

　　由於年紀越來越大，速食店老闆也越來越感到體力不支，儘管他本人只負責自家店的操作，其餘的加盟店都由店主負責經營，但是，人終究是要退下來的。事實上老闆早在幾年前就渴望退休，希望把生意留給兒子，問題是學電腦的唯一的兒子事業正在發展中，根本對老子的連鎖店不屑一顧，而且也宣告絕不經商，這就為難了速食店老闆。經營良好的餐廳多少年來是附近許多居民常來的地方，不僅如此，作為連鎖加盟店，老闆必須負責提供炸雞和烤餅的重要的配方原料的供應。加盟店都是獨立經營的，老闆自家的店可以關掉不營業，但是身為原料供應商，配方粉永遠都不能停。速食店老闆也一度公開徵求合作夥伴，由於種種原因沒有找到合適人選 ── 很多能幹的年輕人並不想一輩子在餐廳工作，即使是當老闆也不願意。沒有辦法，87 歲高齡的速食店老闆在某一天跟維克多攤牌了，「一起共事 7、8 年，他對我就像對他的孩子，」維克多說，「他說你願意繼承我的事業嗎？你願意把炸雞一直傳下去嗎？如果願意的話，我願意把配方傳給你 ── 你隨便出個價錢好了。」維克多左思右想，加上早已經做熟了這一行，也捨不得技術就此失傳，就拿出累積的全部 5 萬美元，跟老人到律師事務所簽訂了那個品牌的亞洲總經營權，也拿到了老人的獨門配方。「── 他知道我不會永遠留在美國，我一直都說學完了就回父母身邊，他願意我把他的品牌帶回亞洲。」

維克多回到亞洲之後，雖然也曾經追夢到心儀的公司工作了一段時間，但是也一直沒有中斷他的速食連鎖經營推廣。最好的時候，在他生活的城市裡一度有 12 家炸雞店在經營著，他也一直在管理這些速食店和擔任著配方粉的供應商。

　　由於炸雞界的兩個巨無霸的絕對優勢，維克多的炸雞店在競爭上始終處於劣勢，很明顯地，在這個城市裡光是麥當勞就 108 家分店，要生存和發展，維克多只能到「上校」和「麥叔叔」足跡未到的地方。全世界，哪裡沒有麥當勞呢？──就是那了，朝鮮。

　　維克多 3 年前就已經跟著勇拓商業版圖的朋友進入了依然國門未開的封閉的朝鮮。但是，美食無國界，美食也沒有什麼意識形態，這個對外界來說極度神祕的國家的人民依然非常歡迎漢堡，只不過因為跟美國的政治對立，在這個國家速食店的選單上出現的是「麵包牛肉末」這樣的名字。「我不管它叫什麼，」維克多說，「他們接受我的速食概念就好。」

　　僅僅兩年，維克多已經發展了 12 家連鎖店。當他今年回來的時候，他打電話給我：「你有朋友經營超市嗎？──不是家樂福這種霸級市場，是小一點的超級市場，那邊很需要西方的化妝品、日用品這類的東西。他們給了我 offer，要我帶商家過去做連鎖超市呢，一個城市開 10 家連鎖沒問題，我們一個城市接著一個城市推。」

　　哈哈，維克多開拓了一片國際荒地。需求就是市場硬性指標。忽然發覺，他向同伴們發出的邀約是那麼的熟悉：「錢多！快來！」，雖然這是 30 年前發生在另一個國家的春潮湧動般的商訊。

檔案9　會賣白菜就會賣別墅

· 周先生（44 歲）大學學歷

· 食品，地產，金融

　　周先生被公認為腦筋轉得飛快的那種人。在他年輕的時候就是眨眨眼點子就出來的機靈傢伙。說到為什麼經商賺錢，周先生深有感觸地說：「沒錢呀！才需要賺錢啊。」他說這輩子有關金錢對他最大、最嚴重的傷害，是眼睜睜看著罹癌在病床上的母親病危，而身為兒子無法拿出 20 多萬的治療費來延長她的生命，「心裡都知道治不好了，但能緩解一下、延遲一點也是一種慰藉啊。我那時候覺得我身為唯一的孩子怎麼那麼無能！」

　　父母身為公職人員的那份薪資在癌症面前顯得蒼白羸弱，根本無法抵禦這致命的攻擊。周先生說，他恨錢，他恨那種無能為力的滋味，「一分錢難死英雄漢，那滋味太痛苦了！」

　　其實有關金錢的困窘早在大學時期就已經體驗到。身為男孩子，求學期間父母提供的生活費哪裡有「夠」這麼一說，「那時候父母的薪資本身就不多，給一份在校的生活費，夠吃就不錯了 —— 但年輕人總要有點別的花費、應酬，比如想去外面看看、想交女朋友，光吃飯是不行的。所以，上學的時候就開始做點小生意，擺攤，賺點零用錢。」周先生回憶道，「那時候做生意的人少，人們都想在大公司工作，誰要經商啊，看不上眼。」

　　擺攤還真是賺了些錢。畢業後周先生也順利地進了一家不錯的企業工作 —— 但是生意卻沒有停下來。之所以說是生意，是因為周先生已經開店了，雖然是小本生意賣點服裝、食品、冷飲之類的，收入卻是受薪階級的好幾倍，這是經商對擁有正式工作的上班族的最大、最有力的挑戰。到

底是要大公司的名聲還是要小老闆的實惠，這是個折磨人的問題。當經商所得以壓倒性優勢戰勝虛榮的時候，人們的腳就會自動走向那更具吸引力的一邊。

「後來還是辭職了 —— 該辭的時候你就辭了，什麼都擋不住了。」周先生說，「那時候就蓋工廠啦。再精明能幹的人也比不過機器，蓋個工廠，大量生產，拓點批發，有自己的一個經銷網路，生意就更上層樓了。」

再然後就順風順水了。周先生的食品廠規模越做越大，每年都有千萬計的利潤了，自然大案子就上門了。「那時有個商人拿了一塊地，太大了，做一半走不下去了，有人跟我提這個案件，食品廠效益這麼好，正想做個別的什麼案子，就接下了那塊地，做起房產了 —— 開始賣別墅了。」

這是個跨行業的轉變，轉型這麼大，怎樣適應新的市場呢？「周先生說：「沒有什麼適應不適應的問題 —— 如果你真的搞懂了市場，賣什麼都是一樣的道理，會賣白菜就會賣別墅！行銷這種事是通的，無論賣什麼都是做行銷，懂顧客、懂產品、適銷對路，沒什麼好發愁的 —— 會賣的有什麼都不愁賣。」周先生回答道，「房產這東西非常專業，設計方面有設計師，施工方面有工程團隊，行銷方面有專門的銷售公司，我只需要協調資金、處理大方向的事情、定好方向，其餘一律交由專業人員處理 —— 我每天打球！」周先生說得很輕鬆。

房產的這個案子使周先生從製造商躍升到了另一個層面。與此同時，富有前瞻性和積極的策略部署也獲得了極大的成功：周先生在短短 5 年裡，運作了三個不同領域的公司成功上市掛牌，「擁有交易所的一個編號

是我最渴望的身分。」他說，「我不在乎什麼富比士不富比士的，做行業龍頭才是一種追求。」不用去猜測他的資產規模，幾百億是有的，早幾年，他已經開始悄悄進軍金融業。

不要僅僅羨慕周先生在人生 40'的時候做到百億，如果你知曉周先生的打拼和可以做到像周先生那樣地打拼，或許賺大錢對你也根本就像「賣白菜」：

「最艱難的時候？那是工廠剛剛建立的時候。為了給工人發薪資、付水電費，我們幾個在我家商量對策、湊錢，怎麼湊都湊不齊；我就翻出了老婆的存摺，上面有 500 塊錢，在房裡踱步 2 小時都無法決定，該不該把她這筆錢偷偷花掉。弟兄們都攔著我，說大哥，這不能啊，這錢是嫂子和孩子這月的生活費啊！」

「在做上市策略的那幾年裡，我每天只睡兩三個小時，每天都安排得滿滿的，連早餐都是開會。我算了算，那兩年一半以上的時間都是在天上的，一年坐了一百六七十次飛機！」

感謝

　　在這裡，我要對那些曾經在我生命中，愛護、鼓勵、影響、啟發我的每一個人，表達深情由衷的感謝。

　　我也要向以下的人表達我的敬重和感激：首先，向所有我採訪過的、合作過的、入選或者未入選本書案例的企業家朋友致意，因為你們慷慨無私的分享，因為你們打拚的經歷和豐富的成功與失敗經驗，而使本書理論體系得以成立；你們的才智、精神和愛心也將鼓舞很多很多人。

　　其次，我要向在本書寫作過程中，接受尚未成熟的體系進行規劃測試的幾十位前來諮商的朋友致意，你們不拒本人的才疏學淺，勇敢坦然地告白，你們的夢想和計劃、快樂與痛苦，都極大地豐富和校正了木人的觀念；感謝你們的奉獻。

　　基於個人隱私原則，謹在此向以上兩批朋友不具名鳴謝。

　　感謝吳韋材先生慷慨為序，您的才華和愛心不僅展現在 27 年的專欄和幾十本著作的書寫裡，背包遊俠的灑脫，生命志士的溫暖，還像陽光雨露，慰藉心靈傳遞愉悅。

　　感謝黃宏墨先生，比您歌聲更動人的，是您的坦蕩與真摯；每一篇您文字裡的思想都原汁原味帶著您遠記憶和古樸遺風，您也站立在給我的序中。

　　我要感謝玲子傳媒，感謝發行人陳思齊女士和總編輯林得楠先生，向你們堅守新加坡的華語陣地致敬。也誠摯感謝編輯謝章達先生、美編塗玉婷女士，和出版社其他工作人員，是你們共同的付出，讓本書如此美麗，

感 謝

你們真棒！

感謝我的閨密們，謝謝上蒼賦予女人的同好，吱吱喳喳的聊天和逛街、喝茶、爬山、散步都美麗的那些時光。

謝謝我的姐姐哥哥們，這麼多年來你們看我的目光還是像看 5 歲小孩一樣的欣喜和寵溺，當然那多種期望也早讓我飛逃到 5,000 公里以外。

最後我要感謝思遠 —— 你不僅是我的第一讀者，直接讓本書的敘述風格脫離晦澀走向平易，還在那些昏頭漲腦的日子裡牽我手去吃海鮮，嗯，真是人生好味道！

附錄：參考文獻

1. 《幸福的方法》（*Happier*），[以] 泰勒·本 - 沙哈爾（Tal Ben-Shahar）
   著，王冰等 譯。

2. 《幸福達人》，[日] 渡邊淳一 著，竺家榮 譯。

3. 《賺多少才夠 —— 財富與幸福的哲學》（*How Much is Enough ?*），[澳]
   艾倫·艾貝（Arun Abey）／安德魯·福特（Andrew Ford）著，劉凱
   平 譯。

4. 《有錢就幸福了嗎》，[美] 布拉德·克朗茲／泰德·克朗茲 著。

5. 《那些富人告訴你的事》（*Get rich, Stay rich, Pass it on*），[美] 凱薩
   琳·麥克布林（Catherine S·McBreen）／喬治·沃佩爾（George H·
   Walper）著，丁穎穎等譯。

6. 《鄰家的百萬富翁》（*The Millionaire Next Door*），[美] 湯瑪斯·史丹
   利（Thomas Stanley）著，王正林等 譯。

7. 《百萬富翁的思維密碼》（*Secrets of the Millionaire Mind*），[美] T·哈
   維·艾克（T·HarvEker）著，張榮等 譯。

8. 《自動百萬富翁》（*The Automatic Millionaire*），[美] 大衛·巴哈（David
   Bach）著，魯剛偉等 譯。

9. 《讓你的財富滾起來 —— 86 種實用理財妙招》（*Grow Your Money !*），
   [美] 強納森·龐德 著，雷靜 譯。

10. 《為什麼那個傻瓜賺錢比我多？》（*How Come That Idiot's Rich and I'm Not?*），［美］羅伯特·謝明（Robert Shemin）著，蘇鴻雁 譯，北京，中信出版社，2009 年 5 月第一版。

11. 《我們需要多少錢》（*The Secret Language of Money*），［美］大衛·克魯格（David Krueger）／約翰·大衛·曼恩（John David Mann）著，馬慧等譯。

12. 《財商決定命運》，王正麗 編著。

13. 《改變你一生的理財習慣》（*The Total Money Makeover*），［美］戴夫·拉姆齊（Dave Ramsey）著，李莉 譯。

14. 《富人的理財習慣》，［韓］朴容錫 著，徐濤 譯。

15. 《18 堂課讓你變富人》，曾志堯／王志鈞 著。

16. 《跟劉彥斌學理財 —— 理財工具箱》，劉彥斌 著。

17. 《曾淵滄睿智創富》，［新加坡］曾淵滄 著。

18. 《論勢 —— 曹仁超創富啟示錄》，［香港］曹仁超 著。

19. 《論戰 —— 曹仁超創富戰國策》，［香港］曹仁超 著。

20. 《論性 —— 曹仁超創富智慧書》，［香港］曹仁超 著。

21. 《金錢的真相 —— 教你玩轉財富遊戲》，［日］岡本吏郎 著，崔楊 譯。

22. 《富爸爸富小孩：給你的孩子理財頭腦》（*Rich Dad's Rich Kid Smart Kid: Give Your Child a Financial Head Start*），［美］羅伯特·清崎（Robert Kiyosaki）／莎朗·萊希特（Sharon Lechter）著。

23. 《富爸爸 提高你的財商》（*Rich Dad's Increase Your Financial IQ*），［美］羅伯特·清崎（Robert Kiyosaki）著，靈思泉 譯。

24. 《富爸爸 商學院》，[美] 羅伯特・清崎 (Robert Kiyosaki) ／莎朗・萊希特 (Sharon Lechter) 著，肖明 譯。

25. 《30 歲，賺夠一輩子的錢》，[美] 華萊士・D 沃特爾斯 (Wallace D・Wattles) 著，劉華強 編譯。

26. 《30 歲前，決定未來收入的 90%》，[日] 土井英司 著，何啟宏 譯。

27. 《30 年後，你拿什麼養活自己》，[韓] 高得誠等 著，唐建軍 譯。

28. 《萬一你活到 100 歲》，[臺] 李沅 著。

29. 《40 歲開始考慮退休》(*How to Retire Happy, Wild, and Free*)，[美] 厄尼・J・澤林斯基 (Ernie J.,Zelinski) 著，董舸 譯。

你是不是覺得口袋裡的積蓄趕不上心頭的願望？想不想改變自己不太滿意的財務狀況呢？

關於財富、人生・快樂・幸福的這本書，引領你審視自己，掌握未來，—— 請儘早閱讀！

超越財富！從初始薪到百倍薪，建立持續成長的經濟基礎：

在每個十年實現財務目標，從基礎儲蓄到高階投資的階梯式成長

作 者：狄芬尼

發 行 人：黃振庭

出 版 者：財經錢線文化事業有限公司

發 行 者：財經錢線文化事業有限公司

E-mail：sonbookservice@gmail.
com

粉 絲 頁：https://www.facebook.
com/sonbookss/

網 址：https://sonbook.net/

地 址：台北市中正區重慶南路一段
61 號 8 樓

8F., No.61, Sec. 1, Chongqing S. Rd.,
Zhongzheng Dist., Taipei City 100, Taiwan

電 話：(02)2370-3310

傳 真：(02)2388-1990

印 刷：京峯數位服務有限公司

律師顧問：廣華律師事務所 張珮琦律師

定 價：330 元

發行日期：2024 年 06 月第一版

◎本書以 POD 印製

Design Assets from Freepik.com

國家圖書館出版品預行編目資料

超越財富！從初始薪到百倍薪，建
立持續成長的經濟基礎：在每個十
年實現財務目標，從基礎儲蓄到高
階投資的階梯式成長 / 狄芬尼 著. --
第一版 . -- 臺北市：財經錢線文化事
業有限公司 , 2024.06

面；　公分

POD 版

ISBN 978-957-680-891-3(平裝)

1.CST: 個人理財 2.CST: 財富

563　　113006613

電子書購買

爽讀 APP

臉書